CHARTE DE COMMUNE,

EN LANGUE ROMANE,

POUR LA VILLE DE GRÉALOU EN QUERCY;

PUBLIÉE AVEC SA TRADUCTION FRANÇAISE

ET DES

RECHERCHES SUR QUELQUES POINTS DE L'HISTOIRE DE LA LANGUE
ROMANE EN EUROPE ET DANS LE LEVANT,

PAR M. CHAMPOLLION-FIGEAC.

PARIS,

IMPRIMERIE DE FIRMIN DIDOT,

RUE JACOB, N° 24.

1829.

A MONSIEUR RAYNOUARD,
SECRÉTAIRE PERPÉTUEL HONORAIRE
DE L'ACADÉMIE FRANÇAISE,
MEMBRE DE L'ACADÉMIE ROYALE
DES INSCRIPTIONS ET BELLES-LETTRES;
HISTORIEN DES TEMPLIERS,
DES TROUBADOURS
ET DU DROIT MUNICIPAL.
HOMMAGE
D'ATTACHEMENT ET DE RESPECT.

(PAGE 4 , LIGNE 10 , *conspirations* , LISEZ corporations.)

PRÉFACE.

Les deux parties de cet écrit ont entre elles des rapports assez évidents, pour que je doive m'abstenir de toute explication sur leur réunion en un seul ouvrage : c'est à l'histoire de la langue romane qu'elles appartiennent l'une et l'autre. Dans la première sont quelques faits nouveaux et quelques considérations qui ne seront peut-être pas tout-à-fait oiseuses ; la seconde est un instrument inédit du XIIIe siècle, utile pour cela même à des recherches de plus d'un genre. Cette seconde partie n'est pas née des circonstances actuelles ; elle ne leur est pas non plus indifférente, puisqu'elle témoigne de ce qui se passait il y a quelques centaines d'années, sur un point d'administration pratique dont on discute aujourd'hui vivement les théories. Mon travail, tel qu'il est imprimé, a été lu, il y a plusieurs années, à l'Académie Royale des Inscriptions et Belles-Lettres ; c'est, en un mot, un Mémoire qui se rattache à mes études sur les idiomes et sur les monuments du moyen âge (1).

Ce qui n'était alors qu'une affaire de goût, est devenu pour moi un devoir, depuis qu'une grace du Roi, par l'effet de la bienveillance d'un ministre dont l'esprit et le caractère font aimer l'autorité, m'a placé au nombre des Conservateurs de la Bibliothèque du Roi, avec une mission presque spéciale pour les monuments de notre histoire nationale. J'ai compris tout ce qu'il y avait d'indulgence et d'honneur dans cette mission, et tout mon zèle s'emploiera pour l'accomplir. Le terrain est vaste, difficile ; mais il est percé de routes connues, tra-

---

(1) Ceux de mes travaux publiés qui intéressent le moyen âge sont : — 1° Dissertation sur un monument souterrain, existant à Grenoble; 1804, in-4°. (C'est une église du Xᵉ siècle.) — 2° Notice sur un manuscrit latin, inédit, du XIVᵉ siècle, intitulé *Albani Belli libri quinque;* 1807, in-8°. — 3° Nouvelles recherches sur les patois ou idiomes vulgaires de la France; 1809, in-12. — 4° Lettre sur une statue du moyen âge, découverte à Grenoble; 1811, in-8°. — 5° Dissertation sur un triptyque grec du XIIIᵉ siècle : explication de son sujet et de ses inscriptions; 1811, in-8° fig. — 6° Éclaircissements historiques sur l'Inscription funéraire du dauphin Guigues-le-Gras; 1812. — 7° Charte inédite de la ville de Capdenac, dans mes Recherches sur la ville gauloise d'Uxellodunum ; 1820, in-4°. — 8° Les Tournois du roi René, d'après le manuscrit original de la Bibliothèque du Roi; 1826, grand in-folio. — 9° Notice sur le Cabinet des chartes et diplômes de la Bibliothèque du Roi; 1827, in-8°. — Je donnerai cette année *Les Poésies de Charles d'Orléans*, d'après le manuscrit complet de la Bibliothèque de Grenoble, et le manuscrit abrégé de la Bibliothèque du Roi; en 1 vol. in-8°.

cées par des maîtres habiles ; je m'efforcerai de suivre leurs pas, et de profiter des précieux exemples qu'ils nous ont laissés.

Les documents historiques déja recueillis, présentent un ensemble dont on se ferait difficilement une idée exacte ; plus de deux siècles ont été employés à le former, et avec une suite d'efforts aussi honorables que fructueux : de sources diverses, ont afflué vers le même centre, des documents de tous les temps et de tous les genres. A un nombre assez grand de collections particulières, on a réuni celles qui furent le résultat des soins et des ordres du gouvernement, dans le dernier siècle surtout, où des hommes du premier mérite, conseillers éclairés de l'autorité publique, la dirigèrent si heureusement vers la recherche des monuments authentiques de nos annales, et ajoutèrent ainsi une gloire nouvelle à toutes celles dont les fastes de la monarchie française retracent les brillants souvenirs. On ignore trop ce qui a été fait depuis Louis XIV, dans ce but d'une utilité si générale ; la Bibliothèque du Roi est dépositaire de ce secret : je m'appliquerai à le divulguer.

Les premiers temps de la révolution ont été ceux d'un branle-bas général (je prie qu'on me passe le mot) pour les anciennes archives : propriétés exclusives de corporations ou de particuliers, l'accès

1.

en était toujours difficile et quelquefois impossible. Les instruments les plus remarquables étaient à peu-près tous connus en général, mais le plus grand nombre dormait inaperçu dans la poussière des layettes, et sous la tutelle d'antiques privilèges. Il y avait cependant quelque chose à apprendre par leur étude; il fallait attendre, et l'on attendit moins qu'on ne l'avait pensé : les archives passèrent subitement du fond des cloîtres, sur les places publiques. Le dommage fut très-grand, sans doute, mais moins peut-être qu'on ne l'a dit, et peut-être aussi moins irréparable.

Dans les provinces, le zèle de la destruction fut d'autant plus effectif qu'il se produisît dans un plus grand nombre de localités : mais un travail fait dans un autre but préservera en quelque sorte notre histoire des efforts calamiteux de ce zèle. Louis XV avait ordonné, en 1762, qu'il serait fait, pour un dépôt central que le roi fonda en même temps à Paris, une copie en bonne forme de toutes les pièces intéressantes qui seraient trouvées dans les archives des provinces, publiques ou privées : les plus savants diplomatistes, la congrégation de Saint-Maur, celle de Saint-Vannes s'y employèrent durant trente années; plus de cinquante mille copies de ce genre furent réunies en une seule collection, et cette collection existe toute entière aujourd'hui au cabinet des chartes de la Bibliothèque du Roi, où je l'ai mise en bon ordre. Tirée précisément des archives qui ont le plus souffert depuis 1790, l'effet des événements de ce temps, par rapport aux monuments de notre histoire, se trouve par là amoindri, et la grande collection des copies de chartes peut réparer, en partie, des malheurs que l'on a crus sans remède.

A Paris, on entend assez fréquemment quelques lamentations sur les gestes « des barbares de 1793, « qui ordonnèrent et effectuèrent *le brûlement* des « titres et des chartes », et l'on vient de renouveler ces plaintes douloureuses en ces mêmes termes, à propos d'un manuscrit qui devait se trouver à la Bibliothèque du Roi, quoique, de fait, il n'y fut jamais entré (1). La vérité est, toutefois, quant à la Bibliothèque du Roi, que les barbares n'y ont rien détruit, même pendant qu'elle était gouvernée par un comédien. On sait seulement, par des notes authentiques, qu'une commission de gens de lettres et d'académiciens procéda, par ordre de l'assemblée constituante, au triage des titres qui formaient les divers dépôts appelés alors nationaux, et tout-à fait étrangers à la Bibliothèque du Roi; qu'il en

1 Voy. le premier volume des Lois maritimes, par M. Pardessus; tom. I, pag. 270.

résulta le choix d'une collection de pièces intéressantes pour l'histoire de France ; que ce qui ne
parut pas avoir un grand mérite, fut brûlé sur la
place Vendôme : mais cette collection de pièces historiques, qui remplit sept à huit cents cartons,
fut apportée à la Bibliothèque du Roi, où elle
existe. Le cabinet des titres et généalogies ne per-
dit, dans cette expédition, que sa Table générale,
très-regrettable sans doute, mais moins que les
pièces mêmes, où tant de familles françaises retrou-
vent aujourd'hui les documents les plus utiles à
leurs intérêts ou à leur illustration.

La Bibliothèque du Roi ne souffrit donc pas
des malheurs du temps : elle s'est accrue d'une
foule de documents historiques qu'elle n'aurait
vraisemblablement pas acquis sans tant de circonstances extraordinaires, et nos laborieux écrivains, qui connaissent bien le prix des trésors
qu'on y a depuis long-temps assemblés, ne trou-
veront pas moins de ressources dans des collections
nouvellement mises en ordre, telles que 1° l'inventaire et les copies des pièces de quelque intérêt
pour la France, existantes dans les archives des
Pays-Bas Autrichiens, collection de deux cent-dix
volumes in-folio, faite d'après l'ordre du roi, en
1746, 1747 et 1748, par Courchelet d'Esnans,
conseiller au parlement de Besançon, commissaire

du roi en cette partie; 2° la collection de pièces originales, ou anciennes copies, du président de Foutette, en soixante-six porte-feuilles, et dont la Bibliothèque du Père Lelong contient une portion de l'inventaire, article par article; 3° la collection des pièces tirées de tous les dépôts de Londres, par Bréquigny; elle est mise en ordre, et formera quatre-vingt-dix volumes in-folio; 4° la collection des lettres des papes du XIIIe et du XIVe siècles, qui intéressent l'histoire de France, travail de La Porte Du Theil pendant sept années de séjour à Rome, aux frais du Roi, et classé en cinquante-deux volumes in-quarto, indépendamment de vingt mille extraits ou notices de pièces historiques tirées aussi des archives de Rome; 5° les inventaires détaillés des anciennes archives des villes principales de France, en quarante-six volumes qui donnent le sommaire d'un nombre immense d'anciens instruments; 6° les travaux spéciaux sur quelques provinces de France, la Picardie, la Bourgogne, la Franche-Comté, le Languedoc, etc., etc., recueils considérables dont la mise en ordre fera mieux connaître tout le prix; 7° la plupart des grands travaux encore manuscrits des Bénédictins, sur l'histoire civile ou littéraire de la Gaule et de la France; 8° enfin un grand nombre de chartes originales, recueillies en diverses parties du royaume, au commencement de la révolution, ou provenant d'acquisitions nouvelles, que l'administration de la Bibliothèque n'a jamais négligées.

Ces acquisitions prouvent assez par elles-mêmes la malheureuse dispersion des anciennes archives. Ces chartes sont depuis bien des années un objet de commerce que rien ne saurait arrêter, mais qui finira nécessairement dans peu de temps, quand tous les documents en circulation auront été casés ou détruits. Alors cette singulière espèce de marchandise ne paraîtra plus sur nos marchés, l'activité des manufactures de 1790 fut heureusement de courte durée. Le zèle des administrations littéraires peut en affaiblir les tristes effets pour la certitude de nos annales, et c'est le but que la Bibliothèque du roi s'est proposé par ses acquisitions ; elle sauve de la destruction tout ce qu'elle obtient à prix d'argent.

Les monuments écrits de notre histoire nationale nous restent donc encore en assez grand nombre, et les matériaux ne manqueront pas de long-temps au zèle des explorateurs. Ceux-ci ne manqueront-ils pas plutôt à ces importants documents ? L'esprit hâtif du siècle et le défaut d'encouragement doivent le faire craindre.

La révolution a coupé court à l'édition complète du Froissart de M. Dacier ; à la Collection des chartes et diplômes, supplément nécessaire à celle des historiens de France qui ne contient point les actes passés entre particuliers ; au *Gallia christiana* dont le XIIIe volume finit à la lettre T ; au Recueil des historiens des croisades, commencé par D. Berthereau ; à la Collection des conciles de D. Labat ; à celle des Lettres décrétales des papes, par D. Constant, continuée par D. Mopinot ; aux travaux sur l'Alsace par l'abbé Grandidier, Schœpflin et Oberlin ; aux recherches, qu'il serait impossible de recommencer aujourd'hui, sur la Picardie par D. Grenier, sur la Champagne par Lévesque de la Ravallière, sur la Normandie par D. Lenoir, qui avait recueilli plus de cent-trente mille titres relatifs à cette province ; sur le Poitou, par D. Fontenu ; l'Anjou et la Lorraine, par D. Houzeau ; le Vexin et le Pinserais, par Levrier ; le Roussillon et la Catalogne, par Fossa ; etc., etc. De toutes ces honorables entreprises, il n'a survécu que les Historiens de France, les Ordonnances de la troisième race, et l'Histoire littéraire, travaux importants, exécutés par la protection du gouvernement : les matériaux des autres ouvrages ne sont qu'à peu près ou perdus ou bien oubliés. Des souvenirs et des témoignages d'un très-haut prix pour la gloire du nom français, peuvent donc mourir en France inaperçus.

Il y a dix-neuf ans, le Nestor de la littérature
savante, disait dans une occasion mémorable (1) :
« Ces ouvrages ont été interrompus, et attendent
« encore des continuateurs ; et nous sommes obli-
« gés d'avouer, quoiqu'à regret, que nous ne pou-
« vons espérer qu'ils en trouvent tous, à moins
« qu'un regard puissant ne ranime ce genre d'é-
« tudes, dans lequel la France s'est illustrée pen-
« dant plus de deux siècles, et qu'elle paraît aujour-
« d'hui avoir presque entièrement abandonné. »

Ce qui était vrai en 1810, l'est encore en 1829 :
seulement, les études du moyen âge ont perdu
depuis La Porte Du Theil, D. Brial et leurs plus dignes émules : ces maîtres n'ont presque point laissé
d'élèves. « Cette lumière publique, propre à encou-
« rager et à juger les travaux, a diminué, en effet,
« sensiblement de clarté, et son foyer se rétrécit
« de plus en plus tous les jours (2). »

Si, dans cet exposé de l'état trop réel d'une
branche des études historiques en France, de la
plus importante pour sa propre renommée, on
voulait voir autre chose que du zèle et des vœux
pour leur prospérité, on commettrait une erreur
ou une injustice. Cet état s'explique par l'histoire

1 Rapport historique sur les progrès de l'Histoire et de la Littérature ancienne; par M. Dacier. Paris, 1810, in-8°. — (2) *Ibidem.*

des derniers temps : le temps présent doit inspirer de justes espérances ; tout n'est pas perdu, mais lorsque tant d'intérêts politiques se disputent l'attention générale, qu'importent les chartes et la restauration de l'étude de la diplomatique en France ?

L'École des chartes est un des bienfaits du dernier règne. Instituée par une ordonnance royale, fondée sur les plus honorables motifs, elle devait ranimer ces études françaises, presque entièrement abandonnées : une décision ministérielle supprima tout-à-coup, non pas l'école, non pas les professeurs, mais les élèves. Quelques sujets d'un mérite reconnu, sont les seuls résultats de cette utile création ; deux d'entre eux appartiennent aujourd'hui à la Bibliothèque du Roi : les autres ont perdu leur temps, et embrassé toute autre carrière que celle de l'histoire et de la diplomatique.

Les plans primitifs pour l'institution de l'École des chartes furent-ils ou mesquins ou incomplets ? L'École fut-elle pour les élèves un moyen d'études sans but et sans fin ? Reconnut-t-on bien leur vocation réelle, quand on les choisit pour ce genre d'études, qui leur assurait un encouragement annuel de 600 fr., pendant leur durée ? Je ne sais. Quoi qu'il en soit, qu'il me soit permis d'exposer ici quelques vues fondées sur l'existence et la do-

tation actuelles de l'École des chartes, qu'on ne
saurait trop étroitement lier et à l'étude approfondie des monuments originaux, et à la conser-
vation de ce qui reste de nos anciennes archives,
et aux travaux qu'exigent les riches collections de
la Bibliothèque du Roi, et à ce que la véracité
de notre histoire attend depuis si long-tems de
l'exploration de tant de documents inconnus.

1° On trouve au cabinet des chartes et diplômes
de la Bibliothèque du Roi, la nomenclature complète, dressée pour chaque généralité, des archives
publiques et particuliéres qui existaient en France
avant la révolution. En relevant cette nomenclature par département, MM. les préfets diraient au
Ministre de l'Intérieur le sort ou l'état de ces
mêmes archives. Une seule lettre ministérielle
ferait grand bien à ces dépôts, et dessécherait
peut-être, quelque part, des germes de destruction.
On respecte en province ce dont on fait quelque
cas à Paris.

2° Les renseignements obtenus par la voie administrative, seraient l'objet d'un sérieux examen;
des centres seraient indiqués pour la réunion des
pièces trop dispersées; l'intérêt public ferait taire
les prétentions locales; la certitude de la conser-
vation vaincrait les résistances particulières; selon
l'état actuel des choses, les ressources locales, et

le zèle qui ne manquerait pas de se produire, on aurait, dans quelques années, et à peu de frais, des archives pour les anciennes provinces, les anciens intérêts et l'histoire du temps passé, et tout à la fois des archives de départements, de villes, et même de communes. On ne sait pas assez à Paris ce que deviennent les papiers des communes, transportés périodiquement dans les maisons des maires qui s'y succèdent.

3° Ce travail tout administratif, exigerait sans doute quelques années; mais le temps n'est rien pour le pouvoir public; celui-ci est aussi une corporation puissante qui ne meurt pas, et qui ne fonde non plus rien de durable qu'avec le temps.

Un seul ministre, M. Bertin, secondé par quelques hommes de science dont le zèle fut aussi désintéressé qu'il était actif et éclairé, fonda, avec du temps aussi, le *Dépôt de législation*, qui fut porté à plus de trois cent mille pièces, ainsi que le Cabinet des chartes, qui n'est pas moins important : on ne parlera jamais de ces collections sans nommer M. Bertin. L'historiographe Moreau prenait ses ordres et dirigeait tout avec deux commis.

4° Pendant que l'Administration s'occuperait des archives, l'École des chartes préparerait les hommes qui doivent commencer leur travail sur ces dépôts quand celui de l'Administration fini-

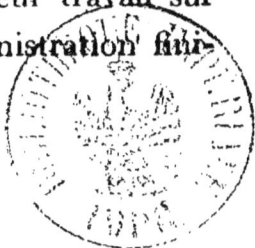

ra. Si cette École avait huit élèves, qui feraient des études sérieuses et approfondies pendant deux années, qui prouveraient leur capacité par un examen, qui recevraient du Ministre de l'Intérieur un brévet d'archiviste : si, sur ce nombre, quatre élèves étaient, tous les deux ans, par toutes les circonstances de leur position personnelle, disposés à suivre l'effet de leurs études et à se consacrer à l'arrangement ou à la garde des archives, l'école produirait, mais en 25 ans, un archiviste pour chacun de nos départements.

5° Dès les premiers temps de l'existence de notre École des chartes, plusieurs préfets ou conseils généraux pensèrent à faire profiter leurs départements, des avantages qu'elle présentait, en demandant des autorisations de dépenses sur leurs propre fonds, soit pour envoyer des élèves à cette école à Paris, soit pour en obtenir de tout formés et leur confier l'arrangement des archives locales. Récemment encore on a proposé l'établissement d'une École gratuite auprès des anciennes et très-riches archives de Bourgogne. Le Ministre de l'Intérieur pourrait donc, par une seconde lettre, faire connaître à MM. les préfets et aux conseils généraux le but et l'utilité de l'École Royale des Chartes, et son intention d'autoriser les dépenses qui lui seraient proposées soit pour faire mettre

en ordre les archives de provinces, de départements, de villes et de communes; soit pour l'établissement d'un garde définitif de ces dépôts, et
même pour l'envoi à Paris de sujets capables,
choisis sur les lieux, et auxquels on réserverait
cette fonction dont les attributions seraient réglées
en même temps par l'autorité administrative et
sur un plan uniforme.

6° Dans ces mesures, dont le passé et le présent
pourraient garantir l'efficacité, les élèves de l'École
des chartes, qui ne seraient point détournés de
leur destination, puiseraient quelques justes motifs d'encouragement, et seraient excités par l'espé-
rance d'emplois analogues à leurs connaissances ac-
quises. La première génération d'élèves, ceux qui
sortiraient successivement de l'école, brevetés, pendant les vingt-cinq premières années, se répandraient
dans les départements pour réparer les désordres
du temps passé; cette première génération serait encore la souche des archivistes définitifs,
et tous les bons produits bisannuels de l'École
s'écouleraient ainsi dans ces emplois temporaires
ou fixes, dans les travaux du même genre qu'exigent tous les dépôts connus hors de Paris; dans
ceux encore que le nombre immense de pièces
historiques réunies à la Bibliothèque du Roi, et
dans d'autres collections, rend si nécessaires, si

profitables à l'histoire; dans la continuation ou l'entreprise d'ouvrages dont l'honneur littéraire de la France est comptable en quelque sorte envers l'Europe savante ; enfin, dans les recherches académiques sur nos annales, qui ne seraient plus menacées du dédain ou de l'oubli.

7° Une obligation d'un intérêt général serait imposée aux élèves devenus archivistes : ils devraient envoyer à la Bibliothèque du Roi une copie, en bulletins isolés, des inventaires qu'ils rédigeraient ou collationneraient en province. Ces copies offriraient ainsi aux savants de la capitale, et aux étrangers qui s'y rendent dans un but littéraire, un centre de recherches qui garantirait les uns et les autres de l'ignorance de documents importants, des inconvénients de recherches faites à l'aventure, de dépenses souvent inutiles : ces savants iraient aussi sur les lieux, afin de voir par eux-mêmes les matériaux qui exciteraient leur intérêt. C'est un allemand qui publie à Leipsik les Catalogues des manuscrits en tout genre qui se trouvent dans les bibliothèques de nos départements: c'est un anglais qui vient de publier aussi, à ses frais, plusieurs catalogues de cette espèce: voilà les seuls renseignements rendus publics sur ce genre de monuments littéraires.

8° Pour l'accomplissement de ce plan, de cette

utopie si l'on veut, il faut que le budjet de l'État soit *surchargé* annuellement d'un article *de dix à douze mille francs*. L'École des chartes y figure déja pour la première somme : il ne reste donc qu'à lui donner la vie et le mouvement.

9° Je finis par une observation tout éventuelle et dont le temps seul peut réaliser l'objet. Les Archives du royaume sont le dépôt des papiers administratifs; la Bibliothèque du Roi est le dépôt des papiers historiques et littéraires : elle a cependant des masses considérables de pièces relatives à plusieurs grandes administrations anciennes : leur véritable place est aux Archives du royaume. Celles-ci possèdent une partie purement historique, et qui n'est connue que sous ce nom : sa véritable place est à la Bibliothèque du Roi; un échange ferait cesser tant d'anomalies, et séparerait les affaires d'avec la littérature.... Il faut attendre que la nécessité, la convenance d'une opération aussi simple, trouvent d'autres protecteurs que ma faible voix.

A ces indications sur nos richesses historiques, je ne puis ajouter que mes vœux pour qu'elles ne demeurent pas plus long-temps stériles ; pour que les hommes consciencieux qui s'appliquent à les explorer pour l'utilité de tous et l'honneur de la France, trouvent, au moyen des travaux d'ordre

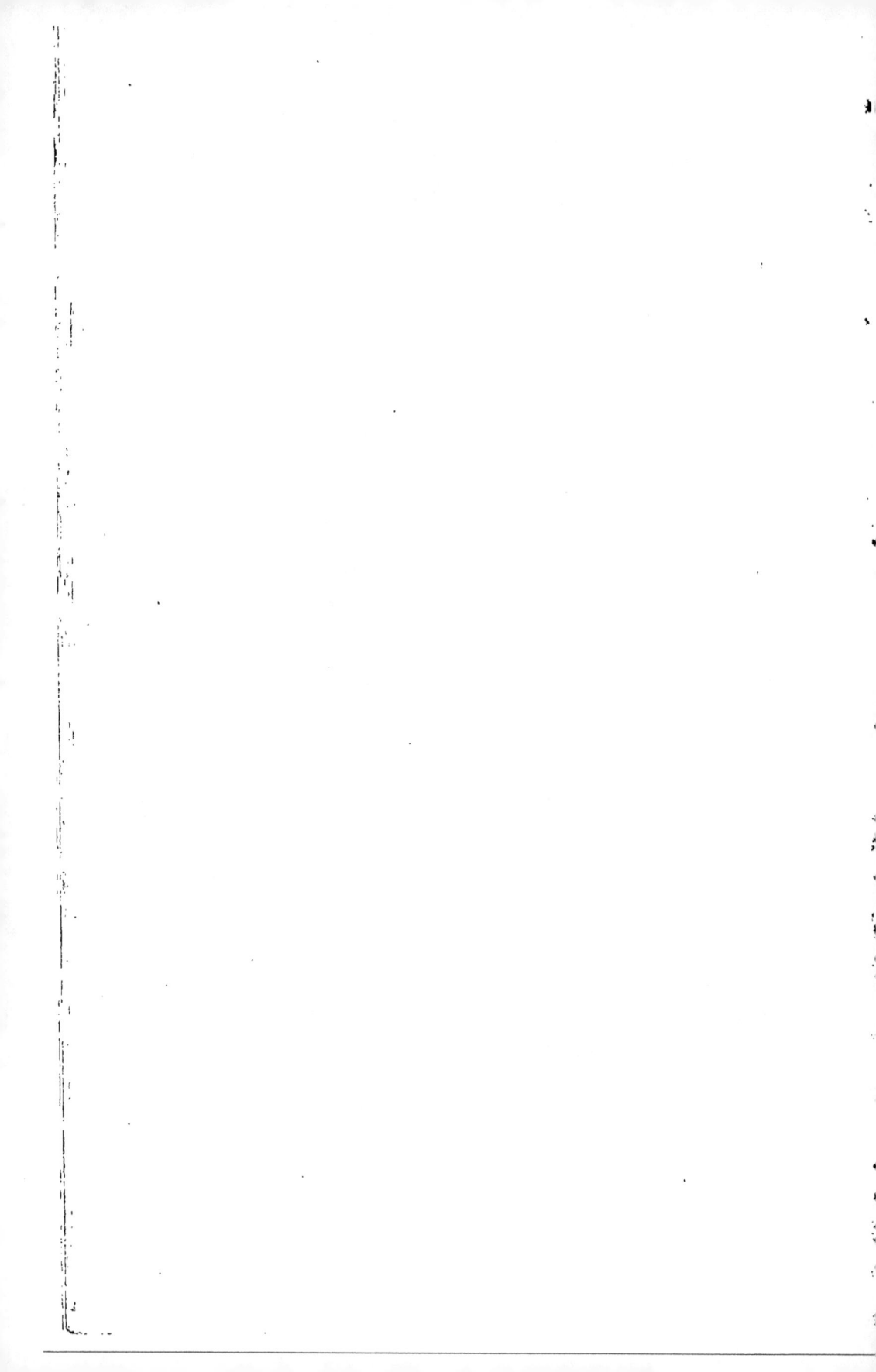

PREMIÈRE PARTIE.

RECHERCHES

SUR

QUELQUES POINTS DE L'HISTOIRE DE LA LANGUE ROMANE EN EUROPE ET DANS LE LEVANT.

Depuis que la critique historique, après avoir d'abord envisagé en grandes masses les faits majeurs accumulés par la suite des temps sur tous les points du globe, s'est attachée ensuite à exposer ces faits dans leurs détails, en France surtout où l'histoire du pays n'avait pas toujours été la plus avancée, les langues et les idiomes qui, pour n'avoir pas produit d'immortels chefs-d'œuvre, étaient relégués d'abord hors du cercle des études habituelles, ont enfin eu leur tour, et un examen même superficiel a bientôt révélé leur importance dans l'ordre général des notions historiques. Il en est ainsi de la langue des troubadours, qui a fourni à la langue et à la littérature françaises leurs premiers essais, leurs premières perfections, et qui vient enfin d'être rétablie dans tous ses titres à notre intérêt par un académicien dont les travaux embrassent d'une part les origines de cette langue, et fournissent de l'autre à sa poétique de nouveaux préceptes et de nou-

1

veaux modèles. Comme presque tous ceux qui ont traité des ouvrages des troubadours, M. Raynouard, leur plus digne interprète, s'est peu occupé de leurs écrits en prose, et le but qu'il se proposait ne lui a guère permis de chercher ailleurs que dans leurs poésies les notions littéraires qu'il a si habilement exposées et réunies dans sa Grammaire de la langue romane. Cependant les pièces en prose sont aussi des monuments de cette langue, des productions intéressantes à la fois et pour l'histoire de son perfectionnement, et pour l'histoire de l'état moral des peuples qui la parlèrent ; peut-être même pourrait-on ajouter que les pièces en prose d'un certain ordre, les actes publics comme toute autre composition réfléchie, peuvent, autant au moins que les pièces en vers, servir à l'étude approfondie et chronologique de cet idiome. La langue parlée ayant sans doute précédé l'époque de ses plus parfaites productions poétiques, et l'arrangement logique des mots ayant dû acquérir une suffisante régularité dans les écrits en prose, comme dans la langue parlée, avant que le génie poétique vînt l'approprier à l'élégance et à la symétrique constitution de ses ouvrages, il peut résulter de cet état des choses que les pièces en prose présentent tout à la fois moins de difficultés, plus de principes naturels, moins de règles exceptionnelles enfin, à celui qui veut se livrer avec quelque fruit à l'étude approfondie de l'esprit et du mécanisme de cette langue.

On peut donc, avec quelque espoir de ne pas faire un travail tout-à-fait inutile, s'occuper des pièces en prose, surtout si, à leur utilité pour l'étude de l'idiome, elles réunissent l'intérêt de certains faits historiques dignes de remarque.

Les morceaux en prose sont d'ailleurs les plus anciens parmi les écrits connus ; et tout peuple autochthone, en travail de civilisation, à qui un chef tout-puissant ne donne pas des institutions toutes faites et des poètes tout créés, aura une langue qui sera appropriée d'abord à ses rapports journaliers, à ses besoins et à ses habitudes, avant que de l'être à ses inventions et à ses goûts littéraires. Les pays où la langue romane naquit et prospéra n'étaient pas, il est vrai, dans un tel isolement ; les traditions et les exemples des soldats de Rome s'y liaient au souvenir d'un meilleur état qui naguère durait encore ; la filiation des idées sociales n'avait pas été interrompue, la culture de l'esprit n'avait jamais été sans produire quelques fruits, et peut-être chaque siècle avait-il eu aussi ses poètes. Mais les plus anciens monuments de la langue romane n'en sont pas moins écrits en prose, et les recherches approfondies de M. Raynouard ne laissent aucun doute à ce sujet, soit qu'il cite des mots et des phrases de cette langue, recueillis par quelques historiens étrangers qui ont écrit dans les premiers temps du moyen âge, soit qu'il rapporte des instruments historiques de ces mêmes époques (1). Les sermons et les homélies que préchaient Mommolin appelé à l'évêché de Tournai en 665 (2), saint Adhalar, abbé de Corbie, né vers l'an 750 (3), et célèbre par son élo-

---

(1) Choix des poésies des Troubadours, t. I, p. vij et suivantes.
(2) Idem, t. I, p. vj. — (3) Idem, t. I, p. xv.

quence, tous les évêques de France fidèles aux dispositions des actes des conciles de Reims et de Tours,
tenus en 813 (1), et au capitulaire de Charlesmagne
donné la même année, étaient certainement en prose,
et pour la plupart sans doute écrits avant d'être prononcés. Enfin des actes authentiques, le serment de
Louis-le-Germanique et des Français soumis à Charles-
le-Chauve, en 842, le traité de Coblentz en 860, et
une foule d'autres actes intéressants des villes ou des
conspirations, et également écrits en prose, ont précédé les premiers essais poétiques des troubadours qu'on
ne peut faire remonter à la rigueur qu'au Xe siècle (2) :
et nul n'oserait affirmer qu'avant ce même siècle l'état
des personnes et de l'administration publique fût tel
en France, et surtout dans ses provinces méridionales,
qu'il pût se passer d'une langue régulièrement parlée
et régulièrement écrite. C'est cette même langue que,
pour ces mêmes contrées, les écrivains contemporains
ont suffisamment et très-clairement désignée par le
nom de *langue romane*. Mais, parmi lesécrivains des
temps postérieurs, il s'est établi, ce nous semble, à
ce sujet, une confusion de faits et d'idées, peu favorable à l'étude régulière et approfondie de cet ancien
idiome. De nos jours même, selon les définitions et
les travaux de quelques savants, on devrait donner à
la langue romane presque tous les mots employés dans
tous les auteurs qui ont écrit dans le royaume de

---

(1) Art de vérifier les dates, p. 191 (1770).

— (2) Rochegude, Parnasse Occitanien, préface xi – xv. Raynouard,
Troubadours, t. I, p. 440, poème de Boëce.

France depuis le premier Dagobert jusqu'au règne de François premier, confondant ainsi la langue des romanciers et des poètes proprement *français*, avec celle du serment de Charles-le-Chauve et des soldats réunis sous ses bannières; en un mot, la langue des *trouvères* avec la langue des *troubadours*. Il est vrai que Cazeneuve indique une époque où cette confusion exista jusqu'à un certain point, toutefois non pas assez longtemps, non pas assez formellement pour autoriser aujourd'hui la réunion de la langue des trouvères et de la langue des troubadours en un seul glossaire et sous la dénomination commune de langue romane. Cazeneuve rapporte en effet que, par le partage des états de Louis-le-Débonnaire, les possessions royales en Germanie étant échues à Louis, et les possessions françaises à Charles, ses fils, Aix-la-Chapelle, la ville capitale de l'ancien royaume dans son intégrité, fut abandonnée par la cour de France qui se fixa à Paris; que son voisinage des états de Germanie où le Teudisque était en usage, et son éloignement des régions méridionales de la France qui se servaient de cette langue romane, donnèrent naissance à un troisième idiome employé à la cour de nos rois et dans les provinces voisines de Paris, lequel reçut bien le nom de langue romane, mais qui, avec le temps, devint très différent de la véritable langue romane du midi de la France, et aussi, sans doute, de la langue teudisque des états germaniques. Cazeneuve fait donc entendre qu'il exista pendant un certain temps, à Paris et dans les provinces circonvoisines, une langue tenant à la fois du teudisque, idiome du Nord, et du roman, idiome du Midi ; et que ce mélange informe conservait le nom de langue romane. Sous ce rapport, un dictionnaire des mots de cet idiome ainsi mêlé pourrait porter avec toute raison le titre de Glossaire de la langue romane, toutefois en se restreignant au temps et aux mots propres au mélange temporaire dont Cazeneuve a parlé, et en ne tirant ces mots, s'il en existe, que des monuments écrits dans cet idiome informe dont la durée dut être à peine de plus d'un siècle. On ne pourrait donc pas donner le titre de Glossaire de la langue romane à un ouvrage renfermant indifféremment des mots et des phrases tirés des auteurs français de tous les siècles, parmi lesquels on trouverait à peine, faute de monument, quelques lignes appartenant exclusivement au roman mêlé, dont parle Cazeneuve. Ce titre serait certainement inexact, puisqu'il comprendrait à la fois les mots de l'idiome du midi ou roman proprement dit, et les mots de l'idiome de Paris, qui devint bientôt la langue du nord de la France, celle des trouvères ou poètes français proprement dits, et enfin la langue française, comme l'ont déjà dit les auteurs de l'Histoire littéraire de la France. Quelques unes des observations que nous venons de présenter sont applicables à l'utile ouvrage publié par M. Roquefort sous le titre de Glossaire de la langue romane; mais ces observations ne portent absolument que sur le titre de cet utile vocabulaire, fruit d'un zèle éclairé et laborieux; ample dictionnaire du vieux langage français, appuyé sur des extraits nombreux de prosateurs et de poètes qui n'ont pas écrit dans les idiomes du midi de la France, mais bien dans l'idiome de Paris, et des provinces qui l'avoisinent au nord : ce n'est donc pas là, à proprement parler, un dictionnaire de la langue romane. C'est lorsque l'observation a recueilli un grand nombre de faits particuliers appartenant à une science spéciale, que les classifications méthodiques et les définitions rigoureuses deviennent plus indispensables. Aujourd'hui de grands travaux sont entrepris sur les monuments de notre histoire et de notre littérature; des faits nombreux sont amassés : il faut donc que l'exactitude de leur qualification et la justesse de leur appréciation permettent d'en saisir facilement l'ordre et l'ensemble ; il faut enfin que chaque chose soit appelée par son nom.

Que devons-nous donc entendre par langue romane? Les monuments contemporains, dès le VIIe siècle de l'ère chrétienne, la distinguent de tout autre idiome alors en usage non seulement dans les contrées diverses de l'Europe, mais aussi de la France elle-même. Ils annoncent que la langue romane n'est pas la même que la langue latine, n'est pas la même que la langue théotisque ; car l'histoire rapporte que Mommolin, évêque de Tournai, au VIIe siècle, et saint Adhalar, abbé de Corbie, au VIIIe, étaient distingués pour la facilité et l'élégance avec lesquelles ils parlaient également le *latin*, le *théotisque*, et le *roman* (1); vingt autres témoignages contemporains certifient cette distinction fondamentale des divers idiomes simultané-

(1) Meyer, Annales de Flandres. — Paschase Ratbert, Vie de St. Adhalard. Voyez Raynouard, Troubadours, t. I, p. vj et xx.

ment usités dans le royaume de France, et il est aussi superflu d'insister pour la démontrer lorsque personne ne la conteste, qu'il sera utile de rechercher dans quelles limites chacun de ces idiomes, ou du moins l'idiome roman s'est réellement renfermé. Parmi les anciens écrivains sur la langue française, Fauchet se contente à ce sujet d'assimiler la langue romane à celle dont on se servait de son temps en Provence, en Catalogne et en Languedoc (1), et de remarquer que l'avénement de Hugues Capet, que l'Aquitaine et le Languedoc refusèrent assez long-temps de reconnaître (2), contribua puissamment à enraciner l'usage de la langue romane dans les provinces d'outre Loire. C'est dans ces mêmes provinces que Cazeneuve assure que l'idiome roman demeura en sa pureté (3). L'abbé Lebœuf considérait la *romaine rustique*, ou langue romane, comme peu différente de celle des provençaux, du Périgord et du Limousin (4). Enfin, suivant les savants bénédictins auteurs de l'histoire de Languedoc, la langue romane, celle du serment de Charles-le-Chauve et de ses soldats, est presque la même que celle que parlent encore aujourd'hui les peuples de Provence, du Languedoc et de Gascogne (5). Ainsi d'après ces autorités, diverses de temps et d'expression, la langue romane fut à la fois celle des Catalans, des Languedociens, des Périgourdins, des Limousins

---

(1) Fauchet, Traité de l'origine, etc., liv. I, chap. 4.
(2) L'Art de vérifier les dates, pag. 543, fol. (1770).
(3) Cazeneuve cité par M. Raynouard, Troubadours, t. I, p. xxvij.
(4) Académie des Inscriptions, t. XVII, p. 718.
(5) Histoire de Languedoc, t. I, p. 532.

et des Gascons ; et en effet les mots propres aux idiomes de ces contrées ont toute sorte de droit à faire partie d'un glossaire de la langue romane. Mais pour être juste et exact à la fois, ce droit ne saurait être limité à ces seules provinces, puisque l'usage du même idiome rend ce droit commun à plusieurs autres de la rive gauche de la Loire et de l'est de la France, telles que le Poitou, la Saintonge, la Guienne, le Bourbonnais, l'Auvergne, le Lyonnais, le Dauphiné et même la Savoie. Telles sont à peu près en effet les provinces qui doivent être et qui ont été assez généralement assignées à la langue romane, à laquelle on concède toute la rive gauche de la Loire jusqu'aux Pyrénées et à la mer; et tel est le sentiment des auteurs de l'Histoire littéraire de la France, lorsqu'ils ont dit que les poètes d'en deçà la Loire, (par rapport à Paris), employaient l'ancien langage successivement perfectionné et qui est devenu la langue française, tandis que les poètes d'au delà la Loire, versifiaient au contraire en langue *provençale*. La Loire, en effet, dans tout son cours, trace assez exactement les limites où ces deux idiomes les plus usités en France et successivement perfectionnés quoique bien inégalement, furent, au moyen âge, simultanément en usage; mais cette distinction est insuffisante à l'égard de quelques cantons de l'ouest où les traces de la langue romane sont à peine perceptibles, et aussi de quelques grandes provinces de l'est plus orientales que les sources de la Loire, telles que le Lyonnais et le Dauphiné, ou même plus septentrionales, telles que la Bresse, le Bugey, le Nivernois et la Bourgogne. L'état actuel des idiomes vulgaires de

ces contrées, les ramène, en effet, à la langue romane
leur souche commune, et ils multiplient aussi ses
dialectes.

Il est nécessaire, on l'a déja senti, d'en reconnaître
plusieurs, et les personnes habituées à l'étude des monuments de la langue romane, distinguent en effet, à
certains mots, à certains tours de phrase, à l'usage
constant de certaines voyelles, comme aussi de certaines consonnes finales, les textes provençaux, les
textes languedociens et les textes limousins. Toutefois,
à mesure que les pièces écrites en langue romane sor-
tiront des archives où elles sont comme inhumées,
on reconnaîtra peut-être encore l'insuffisance de cette
distinction en masse de trois dialectes seulement, distinction rétrécie, qui n'est due qu'au petit nombre des
documents sur lesquels on l'a établie, surtout en
négligeant presque entièrement les pièces écrites en
prose, et qui, quoique anciennes, sont assez communes
dans les dépots publics ou particuliers existants dans
le midi de la France. D'après ce que nous avons pu
recueillir de ces premières recherches sur les actes de
provinces différentes, et ce que nous avons eu l'occasion d'observer sur les lieux mêmes, il nous semble
utile de proposer une plus complète distinction des
dialectes romans, et d'indiquer ceux des départements
qui peuvent être approximativement assignés à chacun
d'eux. Ici l'on sentira que ce n'est pas sans motif que
nous nommons les départements plutôt que les anciennes provinces, puisque en effet des variations de
langage, et des variations bien sensibles, se faisant
remarquer entre des contrées peu distantes l'une de

l'autre, les plus petites divisions territoriales doivent permettre d'en indiquer plus exactement le lieu. Le patois du Quercy, par exemple, ressemble, en masse, beaucoup plus au languedocien qu'au provençal, mais dans ses détails il n'est pas le même, ni pour les mots, ni pour les désinences, et moins encore pour l'accent, que le patois du Rouergue qui touche au Quercy à l'orient, ni le même que celui de la Haute-Auvergne qui le limite au nord. Ces dissemblances sont certainement évidentes dans les anciens instruments qui appartiennent à ces trois contrées (1), comme elles le sont dans les diverses pièces en prose ou en vers qu'on y a imprimées depuis (2), comme elles le sont encore dans leur langage actuel. Ainsi la distinction des dialectes de la langue romane, et la détermination des caractères principaux de chacun d'eux, est une opération méthodique et nécessaire tout à la fois. Sans prétendre présenter ici cette classification d'une manière irrévocable, nous croyons pouvoir avancer que l'étude des documents de tout genre fera reconnaître en France sept dialectes assez distincts et appartenant aux contrées suivantes :

1° LE PROVENÇAL, comprenant les départements de

(1) Raulhac, *Annotations sur l'histoire d'Aurillac* ; (acte de 1280, *en patois*, page 54,) Aurillac, 1820, in-8°.

(2) Voyez entre autres, *Poésies diverses patoises et françoises*, par M. P***. A. P. D. P. (par M. Peyrot, ancien prieur de Pradinac). *Pouesios rouergassos* ; en Rouergue, 1774, t. I, in-12. — *Scatabronda, coumedio noubello et histouriquo*; compousado per M. V. B. D. (M. Fabre, abbé du séminaire de Cahors et natif de Thémines en Quercy). A Rotterdam (Cahors), 1687, in-8.

la Drôme, de Vaucluse, des Bouches-du-Rhône, du Var, des Basses et des Hautes-Alpes.

2° LE DAUPHINOIS, qui s'allie beaucoup plus d'un côté au dialecte savoisien et de l'autre au dialecte lyonnais, qu'à celui de la Provence.

3° LE LYONNAIS, qui comprend les départements du Rhône, de l'Ain, et une partie de Saône-et-Loire.

4° L'AUVERGNAT, qui comprend les départements de l'Allier, Loire, Haute-Loire, Ardèche, Lozère, Puy-de-Dôme et Cantal.

5° LE LIMOUSIN, qui comprend les départements de la Corrèze, Haute-Vienne, Creuse, Indre, Cher, partie d'Indre-et-Loire, Vienne, Dordogne, Charente et Charente-Inférieure.

6° LE LANGUEDOCIEN, comprenant les départements du Gard, Hérault, partie des Pyrénées-Orientales, Aude, Arriège, Haute-Garonne, Aveyron, Lot, Tarn-et-Garonne, Tarn, Lot-et-Garonne.

7° LE GASCON, comprenant les départements de la Gironde, les Landes, les Hautes et Basses-Pyrénées et le Gers.

Le Catalan est étranger à la France : il n'en est pas pour cela un des moins intéressants dialectes de la langue romane.

L'on peut remarquer en faveur de cette classification des dialectes, qu'elle n'est presque en rien contraire ni aux grandes divisions physiques, ni aux grandes divisions politiques, soit romaines soit françaises, de ce côté méridional du royaume, et rien ne s'oppose d'ailleurs à l'admission des amendements que cette première détermination pourra subir dans quelques-uns de ses détails : mais il restera toujours que l'on doit entendre par pays de langue romane tout le territoire qui est borné au nord par toute la rive gauche de la Loire et par une ligne tirée depuis l'embouchure de l'Allier dans la Loire, jusqu'à l'issue du Rhône du lac Léman ; à l'ouest par l'Océan, au midi par les Pyrénées et la Méditerranée, enfin par les Alpes à l'est; et ce n'est que les mots des idiomes anciennement usités dans ces provinces, que doit renfermer un glossaire de la langue romane, à l'exclusion de tout autre idiome, de quelque autre province de la France que ce soit. C'est aussi ce qu'ont entendu par pays de langue romane les savants critiques et grammairiens dont nous avons déja rappelé l'opinion, et parmi eux les célèbres auteurs de l'Histoire littéraire de la France, qui ont réduit cette thèse à sa plus vraie et à sa plus simple expression, en concluant de leurs recherches, que la langue des poètes de la rive droite de la Loire s'appelait *la langue française*, et que la langue des poètes de la rive gauche s'appelait *la langue provençale* : et c'étaient-là, ainsi que nous l'avons dit, les Trouvères et les Troubadours, les premiers au nord de la Loire, les seconds au midi, employant deux langues que rien ne peut permettre de confondre, ni dans leurs caractères particuliers ni dans leur usage.

Et quant au nom de langue *Provençale*, par lequel les savants bénédictins qualifient la langue romane, on peut remarquer, comme on l'a déja fait ailleurs, que cette dénomination est insuffisante, puisque la langue romane se retrouve sur une bien plus grande étendue de pays que n'en comprenait la *Provincia* des Romains dans la Gaule et l'ancienne Provence proprement dite. Il est vrai que Huet (1) remarque que le mot *Provençale* fut préféré à tout autre, non seulement parce que la langue romane reçut moins d'altération dans la Provence que dans les autres contrées de la France, mais encore parce que les Provençaux s'en servaient ordinairement dans leurs compositions. Mais, quant à cette seconde raison, elle nous paraît également applicable à tous les autres dialectes romans, puisque les Troubadours, et surtout les prosateurs du Languedoc, de l'Auvergne et du Limousin, se servaient ordinairement aussi de leur propre dialecte dans leurs compositions : reste donc la première raison donnée par l'évêque d'Avranches, laquelle pourra paraître à beaucoup de bons esprits un motif de préférence assez peu concluant, puisque l'on n'a pas encore remarqué que la langue romane fût plus altérée dans les ouvrages des poètes languedociens que dans ceux des poètes provençaux. Pour justifier cette dénomination, il fallait dire avec les savants auteurs de l'Histoire générale de Languedoc(2) que le mot *Provençale* avait eu la même acception que celle que lui donnaient, au XIe siècle, les historiens de la première croisade, qui ont averti soigneusement leur lecteur qu'il devait entendre par *Provençaux* les peuples de Bourgogne, d'Auvergne, de Gascogne, de Gothie, de Provence et d'Aquitaine. Avec cette extension donnée à ce mot, la qualification de *langue provençale* serait

(1) Origine des Romans, p. 69.
(2) Tome II, p. 246.

moins disproportionnée. Mais rien n'autorise à la pré-
férer à une dénomination plus génerale, puisque 1° l'u-
sage de la langue romane ne fut pas borné à ces provinces de France, et qu'il fut même connu dans des
contrées étrangères au royaume; 2° puisque l'état des
choses qui avait créé cette dénomination a cessé d'exister sans que les idiomes aient péri; 3° et puisque encore les poètes provençaux ne tiennent point parmi
les Troubadours une place évidemment éminente soit
par l'étendue de leurs ouvrages, soit par des perfections particulières ou propres à leur dialecte. Et à
ce sujet, les auteurs de l'Histoire de Languedoc ont
encore remarqué que la poésie nommée *provençale*
était beaucoup plus cultivée au XIIe siècle par les
Languedociens et les peuples des provinces voisines,
que par les Provençaux proprement dits; que Nostra-
damus, ou quelques auteurs dans lesquels il a puisé,
ont ajouté un grand nombre de fables aux notices
anciennes sur les Troubadours; qu'ils ont fait sciem-
ment des anachronismes, et qu'ils ont transplanté dans
la Provence proprement dite plusieurs poètes qui
étaient nés dans les contrées voisines, tout cela pour faire
honneur à leur patrie; et enfin que sur 110 poètes
provençaux dont les manuscrits du roi contiennent les
vies et les ouvrages, à peine en trouve-t-on huit ou
dix natifs de la Provence même (1). C'est en conséquence
de cette considération, que l'un des plus modernes
éditeurs de poésies de Troubadours, M. de Rochegude,

(1) Histoire générale de Languedoc, t. II, p. 518 et 519. Ibid.
p. 247.

qui a publié à Toulouse, en 1819, un choix de leurs
ouvrages, sous le titre de *Parnasse occitanien*, pro-
pose de substituer ce dernier mot, *occitanien*, à
celui de *provençal*, s'appuyant aussi sur la distinction
qui fut faite dans le moyen âge entre les pays qui
disaient *hoc* pour *oui*, et ceux qui disaient *oïl*, les
premiers ayant été compris sous la dénomination générale de *Langue d'oc*, d'où est venu le latin *Occi-
tania* ainsi que le mot français *le Languedoc*, et ces
pays étant aussi, ajoute M. de Rochegude, la terre
natale des Troubadours, par le grand nombre qu'elle
en a produit (1). Peut-être M. de Rochegude serait-il
plus fondé en raison pour la dénomination qu'il em-
ploie, que ceux qui ont adopté celle de *provençale*,
appliquée en général aux écrits en langue romane ;
mais les compositions en dialecte limousin ne sont pas
plus semblables aux écrits languedociens, que ceux-ci
ne le sont aux écrits provençaux, et aucune dénomination trop locale ne nous semble avoir de droit réel à
prédominer sur toutes les autres : je n'adopterais donc
pas plus le mot *occitanien* que le mot *provençal*, puisque chacun d'eux, dans l'état actuel des choses, appartient à l'un des deux plus riches dialectes de la même
langue, et que si le nom de celle-ci ne peut dépendre
absolument ni de l'un ni de l'autre, tous concourent
également à la former. Je ne m'arrêterai pas non plus
à cette distinction si commune, et si commode peut-être,
de langue d'*oc* et de langue d'*oïl*; mais il me sera permis de dire en passant, qu'on ne trouve, sur la réalité de

(1) Préface, p. XLVII.

cette distinction qu'une opinion assez généralement accréditée, mais nullement démontrée par des faits authentiques ; et ce que les historiens de Languedoc disent de plus positif sur ce point qui les intéressait de si près, c'est seulement que, vers la fin du XIIIe sièle, la différence des idiomes du nord et du midi de la France, donna lieu à nos rois de diviser le royaume en deux langues, celle d'*oc* et celle d'*oil* (1) : mais ils ne citent aucun acte public ni privé à l'appui de cette assertion fréquemment répétée avant et après eux, sans qu'on y ait ajouté plus de preuves. Mais pour ne point pousser plus loin ici cette discussion, et revenant à notre propos, nous conclurons de ce qui précède, 1° que la qualification de *provençale* ou d'*occitanienne* donnée à la langue des Troubadours, est très-insuffisante, aujourd'hui que les recherches relatives à cette langue doivent en embrasser toutes les productions, celles de tous les temps et celles de tous les pays; et 2° qu'il est peut-être utile à l'accomplissement des vues que l'on doit se proposer dans ces mêmes recherches, d'adopter, exclusivement à tout autre, l'ancien nom, le nom qui rappelle à la fois l'origine et le premier usage de cet idiome, celui de *langue romane*. On doit donc entendre par *langue romane*, celle qui, dès le commencement de la monarchie, fut en usage dans le midi de la France, des Alpes à l'Océan et de la Loire à la Méditerranée, avec les sept dialectes que la culture de l'esprit et les progrès de leur seconde civilisation créèrent ensuite dans ces

(2) Hist. de Languedoc, t. I, p. 584.

mêmes contrées, dialectes dont les plus parfaits furent en effet, de très-bonne heure, comme ils le sont encore, le provençal et le languedocien.

On peut suivre, dans les savantes recherches de M. Raynouard (1), les premières indications sur l'histoire de cette même langue, et la série des témoignages qui en prouvent l'usage : de siècle en siècle, ils deviennent plus nombreux et plus positifs. A ce sujet, nous ajouterons à ces documents deux faits qui ne s'y trouvent pas consignés, et dont nous avons déja fait usage dans nos *Recherches sur les patois de la France*, publiées en 1809. Ce sont 1° une constitution de l'empereur Alexandre-Sévère, 2° un passage des dialogues de Sulpice Sévère. La constitution porte que les *fidei-commis* pourront être conçus dans toutes les langues, non seulement en latin et en grec, mais encore en langue gauloise, *in gallicanà linguà* (2), et cet acte impérial est de l'an 230. On pourrait conjecturer que, par *gallicana lingua*, le rédacteur de la loi entendait désigner *la langue celtique*, telle qu'elle pouvait encore exister à cette époque ; mais le passage de Sulpice Sévère, dans son premier dialogue, est le commentaire direct de celui de la constitution, et l'on y voit que Gallus s'excusant, à cause de la barbarie de son langage, de parler, devant des Aquitains, des rares vertus de saint Martin de Tours, Posthumianus l'un des interlocuteurs, lui répond : « *Tu verò, vel* CELTICÈ, *aut, si mavis,* GALLICÈ *loquere;* mais

(1) Troubadours, tom. 1, p. vj et suivantes.
(2) Digest. lib. XXXII, t. I, p. 11.

parlez-nous *celtique*, ou même *gaulois* si vous l'aimez mieux, pourvu que vous nous parliez de saint Martin.» On voit donc par ces deux textes combinés, que la *lingua gallicana*, qui s'y trouve expressément désignée comme une langue parlée, n'est toutefois, ni le celtique, ni le grec, ni le latin : c'est cette même langue qui, au VIe siècle, servit à Beaudemon pour écrire la vie de saint Amand, et qui, dès lors, appelée *rustica* par les latinisants comme par Grégoire de Tours, et *rustica romana* par le concile de la même ville (1), se perpétua de siècle en siècle; et aucun monument, aucune autorité, ne permettant de supposer même que cette *lingua gallicana, rustica, romana*, fut autre que ce que nous savons avoir été ensuite la *langue romane*, c'est au temps même de Septime Sévère, au milieu du IIIe siècle de l'ère vulgaire, que l'on pourrait déjà faire remonter son existence.

Quoi qu'il en soit, l'identité de cette langue romane avec la langue des troubadours, est assez prouvée par les autorités qui, se succédant siècle par siècle, ont été méthodiquement indiquées par M. Raynouard. Cette langue est aussi la même qui, dans sa prospérité, fournit un assez grand nombre de mots à des peuples entièrement étrangers à l'Europe latine, et avec lesquels le commerce immense de Marseille et des villes principales de la même côte, la mettait en étroites relations. On a conservé des mots prononcés par des Goths ou des

_____

(1) *Concilia*, VII, cap. XV, p. 1249, 1256; et cap. XVII, p. 1263. edente Labbe.

Francs au service de l'empereur Maurice qui faisait la
guerre contre le chagan des Awares, vers la fin du
VIe siècle (1). Si l'on fouillait bien dans le grec vulgaire des îles et des marins, on y trouverait sans doute
un assez grand nombre de mots de l'ancienne langue
romane (2). Enfin, on ne sera pas plus surpris de
retrouver dans l'Orient et chez les peuples qui, dès
les plus anciennes époques de l'histoire du commerce
français, se lièrent avec lui, quelques traces des efforts
qu'ils firent réciproquement pour s'entendre. Telle est
une nomenclature de mots de la langue romane, du
dialecte provençal, qui existe dans un manuscrit copte
de la bibliothèque du roi, et dans cette nomenclature, les mots provençaux sont écrits en caractères
coptes et expliqués en arabe.

Le manuscrit qui la renferme, est un de ceux que
le père Vansleb rapporta d'Égypte; il est inscrit au
catalogue de l'ancien fonds sous le numéro 43 (in 4°).
Ce volume contient des écrits sur divers sujets, et au
folio 141, la nomenclature dont nous parlons (3). L'in-

---

(1) Theophan. chronogr. p. 218 et 217 ; — De Guignes, hist. gén.
des Huns, etc., t. I, 2e partie, p. 362; et Raynouard, t. I.

(2) La langue la plus vulgaire et la plus usuelle des personnes
de la Grèce et surtout de ses îles, qui ont le moins étudié, est appelée
par les Grecs eux-mêmes Ρωμαϊκα, et il existe un vocabulaire ma-
nuel à l'usage des Grecs modernes et des Italiens, où les mots des
deux langues sont écrits réciproquement dans les deux espèces de
caractères; il porte le titre de Λεξικον ιταλικον και Ρωμαϊκον απλουν,
Vocabolario italiano greco volgare. In Venezia, 1772, in-12.

(3) Voyez aussi fol. 135 à 138, et fol. 236 du même manuscrit.

terprète arabe (fol. 137) annonce que ce sont des *Mots francs*. Cette nomenclature en contient en effet quelques-uns, même de français, mais le plus grand nombre appartient aux idiomes vulgaires du midi de la France, et l'ancienneté du manuscrit permet de dire, *à la langue romane*. Nous donnons dans le tableau ci-après, page 25, sous la lettre A, la nomenclature copte à peu près entière ; elle pourra peut-être servir à d'autres études. Nous placerons sous la lettre B, la transcription en lettres latines de ces mots ou phrases écrits en lettres coptes ; sous la lettre C, la véritable orthographe de ces mots et de ces phrases en langue romane ; et sous la lettre D, leur traduction française : nous n'indiquerons le sens de la version arabe que dans les cas où elle diffère du texte roman.

Du reste, l'existence de cette nomenclature n'a point de quoi surprendre, lorsqu'on se rappelle qu'à toutes les époques de l'histoire de Marseille, cette ville eut, avec Alexandrie d'Égypte, des relations très-suivies, et qu'elle fut pour ainsi dire pour le midi et le nord de l'Europe, l'entrepôt de tout le commerce de l'Orient. Rien n'est mieux prouvé que cette continuité de relations commerciales entre ces deux grandes villes, et un historien de Lyon a rappelé dans son ouvrage que, dès le IXe siècle, sous le règne de Louis-le-Débonnaire, les Lyonnais réunis aux négociants de Marseille et à ceux d'Avignon, avaient coutume de se rendre deux fois l'année à Alexandrie, d'où ils rapportaient les épiceries de l'Inde et les parfums de l'Arabie (1). C'est

(1) Poullin de Lumina, Abrégé chronologique de l'histoire de Lyon ; Lyon, 1767, in-4, p. 31. Voyez aussi le Mémoire de feu le président de St-Vincens, sur l'État du commerce en Provence dans le moyen âge ; *Annales encyclopédiques*, 1818, p. 231.

une circonstance analogue à celle-ci, qui aura fait rédiger la nomenclature romane, copte et arabe : d'après l'état du manuscrit, elle paraît remonter au XIIIᵉ siècle de l'ère vulgaire.

De pareilles nomenclatures ne sont pas sans quelque utilité pour l'histoire de la langue romane, puisqu'elles contribuent à en constater l'état à des époques diverses, quelquefois antérieures aux monuments qui lui appartiennent plus directement, et à prouver aussi jusqu'où la civilisation du midi de la France put la faire parvenir ; enfin à mettre de plus en plus en évidence sa généralité et son usage exclusif dans cette contrée. D'autres causes la transportèrent ailleurs tout entière avec des masses de population que de graves événements jetèrent d'un côté à l'autre de l'Europe, et ce n'est qu'en réunissant tous les faits relatifs à l'état réel et successif de cette langue dans ces sortes de colonies romanes, que l'on pourra enfin écrire avec certitude son histoire générale d'après tous ses monuments. Ainsi l'état de la langue romane dans un canton des Grisons, qui forme à peu près l'ancienne Rhétie, doit en être un des plus curieux chapitres. Les naturels eux-mêmes la nomment *arumanush, rumanush, romansch* et *lingua romanscha ;* ils reconnaissent deux dialectes bien distincts, celui de la ligue grise, le moins pur des deux, et celui de la ligue de l'Engadine, nommé particulièrement *ladin ;* existant l'un et l'autre très-anciennement, ils n'ont été cependant écrits et reproduits par l'imprimerie, pour la première fois, qu'au XVIᵉ siècle ; on connaît plus de cent ouvrages, en ces dialectes, en prose ou en vers (même une traduction entière de la Bible), imprimés depuis cette époque : les quatre cinquièmes de ces livres imprimés appartiennent au dialecte nommé *ladin* et le reste à celui de la ligue grise (1).

Le langage des Vaudois du Piémont est aussi un chapitre de l'histoire de la langue romane ; leurs écrits datent au moins du Xe siècle ; il est vrai que leurs manuscrits sont très-rares en France, les Pasteurs vaudois en ayant envoyé les principaux à Olivier Cromwell, en 1658 ; mais quelques fragments sont imprimés dans l'histoire de cette secte religieuse, écrite par Jean Leger, et j'ai fait connaître dans mes *Recherches sur les patois*, un manuscrit de la bibliothèque de Grenoble, qui est la traduction du Nouveau Testament en dialecte vaudois (2) : j'en ai publié aussi un fragment. Enfin, l'idiome valaque lui-même peut fournir matière à d'utiles comparaisons (3), et l'ensemble de ces recherches, qui devrait embrasser les premières productions des langues italienne, espagnole et portugaise, nous montrera enfin toute la langue romane dans tous ses lieux, à toutes ses époques, avec toutes ses richesses en prose ou en vers, et, ce qui n'importe pas moins, dans tous ses dialectes ; et de cette masse d'éléments divers habilement combinés, il

(1) Planta et W. Coxe, Voyage en Suisse, lettre 66e de la traduction française imprimée à Lausanne, 1790, in-12. Cette lettre importante par son sujet manque dans quelques éditions in-8°.

(2) *Recherches sur les patois*, pag. 24, note 1, et le Fragment vaudois, pag. 113.

(3) Voyez *Dottrina christiana tradosta in lingua Valacha*, imprimée à Rome par la Propagande en 1677.

ne pourrait naître que des résultats d'une grande utilité pour l'histoire littéraire de l'Europe méridionale, et surtout de la France qui connaîtra mieux ses premières langues et ses premiers poètes, à mesure que les pièces en tout genre, encore existantes, seront livrées à l'examen de ses habiles philologues, toutes devant servir directement à fixer avec plus de certitude la nature et les principes de cette ancienne langue et de ses dialectes divers.

NOMENCLATURE

COPTO-ROMANE ET ARABE,

EXTRAITE DU MANUSCRIT COPTE DE LA BIBLIOTHÈQUE DU ROI,
N° 43 (A. F.), FOL. 141, 142, 143 ET 144.

———————— ◀●●●▶ ————————

Une nomenclature à peu près semblable, existe dans le même manuscrit, fol. 137 v° 138 ; le folio 236 contient le fragment d'une autre liste qu'on peut consulter, mais elle est mêlée de mots orientaux, grecs, italiens, tels que l'*Emir*, *Chalé méleh* pour Καλὴ ἡμέρα, bonjour ; *la benestre*, pour la *minestra*, la soupe. On y lit aussi *lassiel*, le ciel ; *lastheleh*, les étoiles ; *lessouleil*, le soleil ; *lizaposthle*, les apôtres ; *laploeih*, la pluie ; *lithroun*, le tonnerre ; *libenth*, les vents ; *lilamp*, la lampe ; *Auriant,* orient ; - *Pounenth*, couchant ; *lisabran*, le saffran ; *sarassin*, sarrasin ; *larch*, l'arc ; *lipilethech*, les flèches ; etc.

A. COPTE.	B. COPTE TRANSCRIT.
1. ⲀⲚⲞⲨⲦⲞⲨⲪⲞⲨⲢⲈ........	Anoutouphoure.........
2. ⲈⲦⲞⲨⲂⲒⲀⳠ.	Etoubilh..............
3. ⲈⲦⲞⲨⲤⲀⲒⲚⲀ.........	Etousaina.............
4. ⲈⲒⲤⲠⲢⲒⲐⲎⲤ ⲀⲒⲈⲚⲐ.....	Eispritès amenth.......
5. ⲚⲞⲨⲤⲐⲤⲒⲢⲞⲨⳠ x̅ⲥ......	Nousthsirouh x̅s.........
6. ⲚⲞⲨⲐⲢⲞⲨⳠⲤⲒⲚⲒⲞⲨⲢ.....	Nouthrouhsiniour.......
7. ⲖⲀⲬⲢⲞⲨⲒ⳽...........	Lachrouich...........
8. ⲖⲞⲨⲎⲈⲤⲐⲈⲢ..........	Loumesther...........
9. ⲖⲒⲪⲀⲒⲚⲠⲈⲚⲐ........	Lipainpeneth (1).......
10. ⲖⲒⲠⲀⲦⲢⲒⲀⲢ⳽ⲞⲨⳠ.......	Lipatriarchouh........
11. ⲖⲒⲠⲀⲤⲬⲞⲨⳠ..........	Lipaschouh..........
12. ⲠⲒⲰⲚⲪⲈⲢⲈ..........	Miònpère...........
13. ⲖⲒⲠⲀⲚⳢⲒⲀⲈ........	Lipansjile ....
14. ⲤⲀⲘⲠⲒⲢⲈ..........	Sampire...........
15. ⲤⲀⲒⲚⲐⲰⲒⲒⲀⲤ	Sainthômas........
16. ⲤⲀⲒⲚⲒⲒⲀⲐⲈ........	Sainmathe.........
17. ⲤⲀⲒⲚⳢⲀⲞⲨⲀⲒⲚ.......	Sainsjaouan ....
18. ⲤⲀⲒⲚⲬⲞⲨⲖⲞⲨⳠ........	Sainchoulouh........
19. ⲖⲒⲬⲖⲀⲢⲬ..........	Lichlarch ....
20. ⲖⲒⲒⲠⲢⲀⲤⲐⲢⲈ........	Li prasthre........
21. ⲖⲒⲤⲞⲨⲢⲒⲒⲞⲨⲢ........	Lisourmour.........
22. ⲖⲒⲤⲤⲀⲒⲚ..........	Lissain ....
23. ⲀⲞⲨⲒⲒⲞⲨⳠ..........	Aounouh ....
24. ⲈⲦⲀⲨⲤ...........	Etaus....
25. ⲦⲢⲀⲒ⳽...........	Traisch........
26. ⲔⲀⲦⲢⲈⳠ..........	Katréh........
27. ⲤⲒⲒⲬ...........	Cinch.....
28. ⳥Ⲓ⳽..........	Chich ....
29. ⲒⲒⲀⲤⲀ⳽ ⲀⲒⲔⲨⲢⲒⲀⲔⲤ.....	Masach aikyriacs ......
30. ⲒⲒⲈⲈⲂ..........	Nceb.........
31. ⲦⲒ⳽............	Tisch ....

(1) Le ⲡ, sert à la fois de ʙ et quelquefois de ᴍ ; le ⲫ à le son P.

C.	D.
ORTHOGRAPHE ROMANE.	TRADUCTION FRANÇAISE.
Al noum d'ou paré.......	Au nom du père........
E d'ou fil..............	Et du fils.............
E d'ou san............	Et du saint............
Esprit Amen...........	Esprit amen...........
Notrou sire Christ......	Notre seigneur Christ.....
Nostro signour.........	Notre seigneur.........
La crouïs.............	La croix.............
Lou mestre...........	Le maître...........
Li pan benit..........	Les pains bénis........
Li patriarcho..........	Les patriarches........
L'ibescou	L'évêque............
Miou paré	Mon père............
L'ibangilé...........	L'évangile ....
San Peiré............	Saint Pierre...........
San Tomas...........	Saint Thomas..........
San Mathiou	Saint Mathieu ....
San Jouan	Saint Jean ....
San Luc.............	Saint Luc............
Li clarc.............	Les clercs............
Li prestré...........	Les prêtres ....
Li semours..........	Les semeurs..........
Li sain	Les saints............
Oun................	Un.................
E dos..............	Et deux.............
Treis	Trois ....
Catré....	Quatre.............
Cinq	Cinq.............
Sieis..............	Six...............
....	....
Nau...............	Neuf...............
Dix...............	Dix ....

A. COPTE.	B. COPTE TRANSCRIT.
32. ⲞⲨⲚⲌⲞⲨⲌ	Ounzouh . . . .
33. ⲦⲞⲨⲌⲞⲨⲌ . . . . ⳩ . . .	Touzouh . . . .
34. ⲐⲢⲀⲒⲌ	Thraiz . . . .
35. ⲒⲈⲚⲌⲈⲌ	Ienzeh . . . .
36. ⲘⲀⳗⳗⲒⲚ . . . . ⎞	Mazzin . . . .
37. ⲀⲒⲔⲨⲢⲒⲀⲔⲤ . . . . ⎟	Aikyriaks . . . .
38. ⲘⲀⳗⳗⲒⲚ . . . . ⎟	Mazzin . . . .
39. ⲀⲠⲞⲨⳫⲢ . . . . ⎬ (1) . . .	Apoupr . . . .
40. ⲐⲀⲢⲔⲈⳍⲈ . . . . ⎟	Tharkesche . . . .
41. ⲒⲰⲔⲐⲀⲢⲤ . . . . ⎠	Iôcthars . . . .
42. ⲘⲞⲨⲔⲀⲒⲐ	Moucaith . . . .
43. ⲂⲀⲒⲐⲀⲚⲤ	Baithans . . . .
44. ⲤⲀⲢⲠⲀⲚ	Sarpan . . . .
45. ⲀⲨⲦⲈⳡⲀ	Autexa . . . .
46. ⲠⲀⳗⲔⲀⲤ	Pazkas . . . .
47. ⲤⲀⲠⲀⲖⲐⲢ	Sapalthr . . . .
48. ⲦⲀⲨⳫⲞⲨ	Taupou . . . .
49. ⲀⲒⲀⲢⳡ	Aiarx . . . .
50. ⲖⲀⳍⳍⲀⲢ	Laschschar . . . .
51. ⳍⲞⲚⲂⲒ	Schonbi . . . .
52. ⳍⲞⲨⲢⲀⲞⲂⲒ	Shograohi . . . .
53. ⲖⲀⲦⲒⲘⲈⲚ	Latimen . . . .
54. ⲖⲒⲞⲨⲚⲀⲒ	Lioundi . . . .
55. ⲘⲀⲢⲀⲒ	Mardi . . . .
56. ⲘⲈⳡⲈⲢⲀⲒ	Mecherdi . . . .
57. ϬⲞⲨⲌⲀⲒ	Sjouzdi . . . .
58. ⲂⲀⲚⲀⲈⲢⲈⲀⲒ	Banderedi . . . .
59. ⲤⲀⲚⲀⲀⲒ	Samadi . . . .
60. ⲖⲀⲤⲞⲨⲘⲒⲚⲈ	Lasoumine . . . .
61. ⲖⲒⲘⲈⲤ	Limes . . . .

(1) Ces six mots et les onze suivants sont interprétés dans le manuscrit par des lettres numériales de 60 à 100 par dixaine, et de 100 à 1000 par centaine; c'est une confusion de la part des copistes.

C.	D.
ORTHOGRAPHE ROMANE.	TRADUCTION FRANÇAISE.
Ounzé	Onze . . . .
Douzé	Douze . . . .
Trézé.	Treize. . . . .
Quienzé.	Quinze. . . . .
Bai - t - en	Va - t - en . . . .
Sarpen.	Serpent. . . . .
. . . .	. . . .
Paskas	Pâques. . . . .
La diumanche . . . ⎫	Le dimanche . . . .
Loundi	Lundi. . . . .
Mardi	Mardi. . . . .
Mercredi . . . . ⎬ (1) . . .	Mercredi . . . .
Jeudi.	Jeudi . . . .
Vendredi	Vendredi . . . .
Samedi. . . . . ⎭	Samedi. . . . .
La semana	La semaine. . . . .
Li mes	Le mois . . . .

(1) Ces noms de la semaine sont en français.

A.	B.
COPTE.	COPTE TRANSCRIT.
62. ⲗⲓⲁⲛ	Lian . . . .
63. ⲗⲓⲡⲉⲛⲑⲟⲩⲣ	Lipenthour . . . .
64. ⲧⲉⲥⲡⲓⲥ	Tespis . . . .
65. ⲧⲉⲩⲣⲁⲛⲑ	Teshranth . . . .
66. ⲗⲓⲃⲉⲧⲣⲉϩ	Libetpeh . . . .
67. ⲗⲓⲑⲩⲁⲣⲡⲁⲛⲑⲉⲣ	Lithcharpanter . . . .
68. ⲗⲱⲣ	Lôr . . . .
69. ⲗⲁⲁⲣⲥⲁⲛⲑ	Laarsjanth . . . .
70. ⲗⲉⲫⲟⲧⲥⲉⲍⲉ	Lepousjeze . . . .
71. ⲉⲗⲡⲓⲡⲁⲣⲥⲉⲛⲧ	Elpiparsjenth . . . .
72. ⲗⲟⲩⲙⲟⲩⲥⲭⲗⲓⲁⲑ	Loumouschliath . . . .
73. ⲗⲁⲅⲁⲣⲥⲉ	Lagarce . . . .
74. ⲧⲉⲕⲁⲣⲥⲟⲧⲙ	Tegarsoum . . . .
75. ⲗⲁⲥⲡⲟⲩⲍⲓⲣⲁ	Laspouzira . . . .
76. ⲗⲓⲡⲓⲁⲣⲑ	Lipiarth . . . .
77. ⲗⲟⲣⲡⲉ	Lorpe. . . . .
78. ⲣⲁⲧⲟⲩⲩⲉⲣⲧ	Ratouschert. . . . .
79. ⲥⲉⲡⲟⲩⲥ	Sepous . . . .
80. ⲧⲩⲙⲟⲩⲥ	Tschinous. . . . .
81. ⲡⲁⲙ	Pain (Pain) . . . .
82. ⲣⲁⲥⲙ	Rasjin. . . . .
83. ⲧⲩⲁⲣ	Tshiar . . . .
84. ⲃⲓⲉⲓⲥ	Bieis. . . . .
85. ⲗⲓⲙⲓⲉⲗ	Limiel . . . .
86. ⲱⲓϩ	Oih . . . .
87. ⲗⲟⲩⲙⲟⲩⲗⲟⲩⲛⲃⲁⲣⲧ	Loumouloumbart . . . . .
88. ⲙⲟⲩⲗⲟⲩⲛⲥⲱⲛⲉ	Moulounsjône . . . .
89. ⲗⲉⲭⲟⲩⲭⲟⲩⲙⲡⲉⲣⲉ	Lechochoumpére . . . . . .
90. ⲗⲉⲧⲉⲩⲩⲟⲩⲩ	Leteschschouch. . . . .
91. ⲁⲗⲟⲩⲛⲉⲥⲁⲗⲉⲡⲗⲁⲥ	Alounesaleplas. . . . .
92. ⲗⲁⲡⲟⲩⲑⲁⲓⲛ	Lapouthain . . . .
93. ⲗⲓⲥⲙⲛⲉⲓⲁⲱⲙⲉ	Lisjinthilôme . . . .
94. ⲁⲇⲓⲥⲁⲗⲓⲟⲩⲥ	Adisalious . . . .

C.	D.
ORTHOGRAPHE ROMANE.	TRADUCTION FRANÇAISE.
Li an	L'année . . . .
Li bendour	Le marchand . . . .
Lespicier	L'épicier . . . .
Tisserand	Le tisserant . . . .
Li bitrié	Le vitrier . . . .
Li xarpantié	Le charpentier . . . .
L'or	L'or . . . .
L'argent	L'argent (monnoyé) . . . . .
Li espouseiré	L'épouseur . . . .
Lou bif argent	Le vif argent . . . .
Lou musc	Le musc . . . .
La garsa	La fille . . . .
Lou garsoun	Le garçon . . . .
La spouseira	L'épousée . . . .
Li viai	Le vieux . . . .
L'orvet	L'orvet (l'aveugle Az.) . . . .
. . . .	. . . .
Sez bous	Asseyez-vous . . . .
Chai nous	Chez nous . . . .
Pan	Pain . . . .
Rasin	Raisin . . . .
Xar	Viande . . . .
Figa	Figue . . . .
Li miel	Le miel . . . .
Oi, oich	Oui . . . .
Lou meloun bert	Le melon vert . . . .
Meloun jaûné	Melon jaune . . . .
Li coucoumbré	Le concombre . . . .
Li tessouns	Les porcs . . . .
Alen a la plassa	Allons à la place . . . .
La poutan	. . . .
Li gintilomé	Le gentilhomme . . . .
Adiousias	Adieu . . . .

A.	B.
COPTE.	COPTE TRANSCRIT.
95. ⲧⲁⲣⲡⲟⲧⲛ	Tarpoun ....
96. ⲗⲁⲃⲁⲥⲥⲉ	Labasse ....
97. ⲗⲓⲧϣⲓⲃⲁⲗ	Litschibal ....
98. ⲗⲁϩⲉⲛⲉϩ	Laheneh ....
99. ⲗⲁⲭⲁⲑⲉϩ	Laschatheh ....
100. ⲗⲓⲣⲣⲁⲑ	Lirrath ....
101. ⲗⲓⲑϣⲉⲛⲇⲓ	Lithschendi ....
102. ⲗⲓⲟⲧⲛⲍⲓ	Liounzi ....
103. ⲗⲓⲣⲣⲟⲧⲛⲥⲓⲛ	Lirrounsin ....
104. ⲗⲓⲗⲓⲟⲧⲛ	Lilioun ....
105. ⲗⲓⲗⲟⲧⲃ	Liloub ....
106. ⲗⲓⲛⲟⲗϩ	Limolh ....
107. ⲗⲁⲛⲓⲗⲁⲥⲥⲉ	Lamilasse ....
108. ⲗⲓϣⲁⲛⲉⲗ	Lithschamel ....
109. ⲗⲁⲁⲛⲉⲣ	Laamer ....
110. ⲗⲁⲡⲉⲗⲭⲁ	Lapelcha ....
111. ⲗⲁⲡⲁⲣⲭⲉⲛ	Leparchen ....
112. ⲗⲁⲫⲗⲓⲟⲧϩ	Laphliou ....
113. ⲃⲱⲥⲑⲓⲃⲓⲛⲓⲣⲱⲡⲁⲓⲛ	Bôsthibinirôpain ....
114. ⲃⲱⲥⲑⲓⲛⲃⲉⲛⲓⲣⲱⲥⲁⲛⲇⲓⲛ ...	Bôsthinbinirôsjandin .....
115. ⲗⲟⲧⲣⲥ	Lours ....
116. ⲗⲟⲧⲛⲟⲧⲑⲟⲧⲛ	Loumouthoun ....
117. ⲗⲁⲛⲁⲥⲟⲧⲛ	Lamasjoun ....
118. ⲛⲟⲧⲛⲑ ⲗⲁⲛⲟⲧⲛⲑ	Mounth lamounth ....
119. ⲗⲁⲫⲟⲧⲉⲣⲑⲉ	Lapouerthe ....
120. ⲗⲓⲃⲟⲧϣⲧ	Libouscht ....
121. ⲗⲓⲫⲱⲧ	Lipôt ....
122. ⲥⲑⲁⲛⲡⲁϣ	Sthanpasch ....
123. ⲗⲁⲥⲁⲣⲣⲁ	Lasjarra ....
124. ⲧⲟⲧⲣⲛⲓⲣ	Tourmir ....
125. ⲗⲁⲉⲍⲁⲗⲁⲧⲓⲗⲉ	Alezalatile ....
126. ⲗⲁⲉⲃⲟⲧⲍⲉⲛⲉⲛ	Alebouzenen ....

C.	D.
ORTHOGRAPHE ROMANE.	TRADUCTION FRANÇAISE.
Darbou	La taupe
La bacca	La vache
Li xibal	Le cheval
L'ano, l'asé	L'âne
La xata	La chate
Li rat	Le rat
Li chéin	Le chien (le singe?)
. . . .	. . . .
Li roussin	Le jeune cheval
Li lioun	Le lion
Li loup	Le loup
Li miol	Le mulet
La miola	La mule
Li xamel	Le chameau
La mar	La mer
La perga	La perche?
La barca	La barque
La ploïa	La pluie
Bos-tu benir au bein	Veux-tu venir au bain?
Bos-tu benir al jardin	Veux-tu venir au jardin?
L'our	L'ours
Lou moutoun	Le mouton
La maisoun	La maison
Mount, lo mont	Mont, le mont
La pouerta	La porte
Li bosc	Le bois
Li pot	Le pot
Stan bas	Parlons bas
La jarra	La jarre
Dourmir	Dormir
Alaz a la bila	Allez à la ville
Ala bous-en	Allez-vous-en

SECONDE PARTIE.

CHARTE EN LANGUE ROMANE.

C'EST à l'un des dialectes de la langue romane, à celui du Quercy, qui se confond dans le languedocien, qu'appartient la charte dont je vais m'occuper. Ce pays eut aussi ses troubadours ; Mathieu de Quercy fit des tensons et chanta la mort de Jacme roi d'Aragon (1). De plus, cette province a fourni celui des troubadours qui, distingué déja par ses poésies, fut encore l'historien de plusieurs autres poétes, Hug de Saint Circ, trop négligé dans nos volumineuses biographies.

Voici son histoire par un des écrivains de son temps, et telle qu'elle se trouve, en langue romane, dans le manuscrit des Poésies des troubadours venu du Vatican. (*Bibliothèque du Roi*, [n° 3204 de R.] folio 113 R°.) J'y ajoute la traduction française.

« N Ucs de Saint Circ si fo de Caerssin, d'un borc que a nom Tegra ; fils d'un paubre vavasor que ac nom N Arman de Saint Circ, per so qu'el castels don

_____

(1) Raynouard, t. V, pag. 261.

3.

el fo a nom Saint Circ (1), qu'es al pe de Saint Maria
de Rocamador, que fo destruich per guerra e dero-
catz. Aquest N Ucs si ac gran ren de fraires maiors
de se; e volgon lo far clerc, e manderon lo a la scola
a Monpeslier. E quant eill cuideren qu'el ampares
letras, el amparet cansos e vers e sirventes e tensos e
coblas, eill faichs eillz ditz dels valens homes e de las
valens domnas que eron al mon ni eron estat : e com
aqe sabers el s'ajoglari. El coms de Rodes, e'l vescoms
de Torena si'l leverent molt a la joglaria, con las
tensos e com las coblas que feiren com lui, e'l bons
Dalfins d'Alverne ».

« Et estet lonc temps en Gascoigna paubres, cora a
pe cora a caval. Lonc temps estet com la comtessa de
Benauias, e per leis gazaignet l'amistat d'EN Savaric de
Malleon, lo cals lo mes en arnes et en roba. Et estet
lonc temps com el en Peiteu et en las soas encontra-
das; puois en Cataloingna et en Aragon et en Espaina
com lo bon rei Amfos e com lo rei Amfos de Lion e
col rei Peire d'Aragon ; ⬤puois en Proensa com
totz los barons; puois en L⬤bardia et en la Marca.
E tole moiller e fez enfans. Gran ren amparet del
autrui saber, e voluntiers l'enseignet ad autrui. Cansos
fez de fort bonas e de bons sons e de bonas coblas. Mas
non fes gaires dellas cansons, quar anc no fo fort ena-
moratz de neguna. Mas ben se saup feingner enamorat ad
ellas ab son bel parlar, e sap ben dire en las soas cansons
tot so que ill avenia dellor; e ben las saup levar e ben far
cazer, (quand el lo volia far, ab los sieus vers et ab los

(2) Ici le mss répète les mots *per so que.*

sieus digs) (1); mais puois qu'el ac moiller, non fetz cansons (2) ».

Nous ajouterons, pour la complète intelligence de

(1) La phrase entre parenthèses existe dans d'autres manuscrits et manque dans celui que je cite.

(2) *Traduction française.* N Hug de Saint-Circ fut du Quercy, d'un bourg nommé Tégra ; il fut fils d'un Vavasseur sans fortune nommé N Armand de Saint-Circ, parce que le château d'où il était s'appelait Saint-Circ ; il est situé auprès de Sainte-Marie de Rocamadour ; il fut détruit par les guerres et démoli. Ce N Hug eut plusieurs frères plus âgés que lui ; ils voulurent en faire un homme d'église et l'envoyèrent à l'école à Montpellier. Et lorsqu'ils croyaient qu'il y étudiait les lettres, il s'adonnait aux chansons, aux vers, sirventes, tensons et couplets, et aux faits et dits des hommes et des femmes célèbres qui étaient au monde et y avaient été ; et avec ce talent il se fit *jongleur.* Le comte de Rodez et le vicomte de Turenne l'encouragèrent beaucoup à la *jonglerie,* par les tensons et couplets qu'ils firent avec lui et le bon dauphin d'Auvergne.

Hug de Saint-Circ demeura long-temps en Gascogne assez pauvre, tantôt à pied, tantôt à cheval. Il fut long-temps avec la comtesse de Benaujes, et par elle il gagna l'amitié d'EN Savaric de Mauléon qui l'équipa et l'habilla. Hug fut long-temps aussi avec lui en Poitou et dans les environs ; ensuite en Catalogne, dans l'Aragon et en Espagne, avec le bon roi Alfonse, le roi Alfonse de Léon et le roi Pierre d'Aragon. Il resta ensuite en Provence avec tous les barons, enfin en Lombardie et dans la Marche. Il prit femme et eut des enfants. Il dut beaucoup au savoir d'autrui, mais il communiquait volontiers le sien. Il fit de fort bonnes chansons, de bons airs et de bons couplets, mais il ne fit guères de chansons, parcequ'il ne fut réellement amoureux d'aucune dame. Il sut feindre de l'être avec son beau parler, et dire dans ses chansons tout ce qui lui arrivait avec les dames ; il sut aussi les intéresser et les subjuguer (quand il le voulait par ses vers et ses propos). Mais dès qu'il eut pris femme il ne fit plus de chansons.

cette biographie, que le château où naquit le trouba-
dour Hug était celui de Saint-Circ sur l'Alzou petite
rivière qui passe à Gramat (1), chef-lieu du canton
qui comprend la commune de Tégra nommée dans la
biographie : Saint-Circ n'est qu'un hameau, (Arrondissement de Gourdon, département du Lot).

Quelques faits de la vie de notre poète, indiquent
aussi l'époque où il se fit remarquer par ses ouvrages.
Il fut connu du comte de Rodez, du vicomte de Turenne et du dauphin d'Auvergne qui furent poètes ainsi
que lui ; il était en Poitou avec Savaric de Mauléon,
et il fréquenta les rois Alphonse, Alphonse de Léon
et Pierre d'Arragon. C'est donc au commencement du
XIIIe siècle qu'on peut reporter l'époque des ouvrages
et des succès de Hug de Saint-Circ.

On lui attribue trente-six pièces dont quelques unes
peuvent appartenir à d'autres troubadours ; les manuscrits varient assez à cet égard, mais ils permettent
de lui faire honneur, sans contestation, d'un couplet
avec le comte de Rodez, (manuscrit R. folio 49, v°.);
d'un autre avec Guiraut, (*ibid.*, folio 53. v°. col. 1.),
et de deux autres encore en réponse à P. Guilhem, (*ibid.*,
folio 52. v°. col. 1.) : on trouvera deux des pièces de
ce poète, et des fragments de quelques autres, dans le
recueil de M. Raynouard (2).

Hug de Saint-Circ écrivit aussi en prose ; on a de

(1) On croit que ce lieu tire son nom d'un immense tumulus
gaulois qui occupe une partie du *foiral*, prairie où se tiennent les
foires, les *tumulus*, selon Pallas, portant, en effet, dans quelques
régions reculées de l'Europe, le nom de *gramat*.

(2) Tome III, pag. 330, et tom. V, p. 233.

La pièce imprimée sous le nom d'Augier, (t. III, pag. 104), est

lui la vie de deux troubadours dont un fut son contemporain et son protecteur, Savaric de Mauléon. L'autre, Bernard de Ventadour, avait vécu une génération avant Hug. Voici la biographie de ce dernier, d'après le manuscrit du Vatican qui appartient à la bibliothèque du roi. J'ajouterai la traduction française au texte roman.

« Bernartz de Ventedorn si fo de Limonzin, d'el castel de Ventedorn. Fo de paubra genarassion, fills fo d'un sirven qu'erra forniers qu'esquaudava lo forn a coszer lo pan del castel. Even bels hom et adreits, e saup ben chantar e trobar. Evenc cortes et enseingnatz. E lo vescoms, lo seus seingner de Ventedorn, abelli mont de lui e de son trobar, e de son chantar; e fez li gran honor. El vescoms de Ventedorn si avia moillier jove e gentil e gaia, e si s'abelli d'EN Bernart e de soas chansos; e s'enamora de lui, et el della domna, si qu'el fez sas chansos e sos vers d'ela, d'el l'amor qu'el avia adella, e della valor d'elleis. Lonc temps duret lor amors, anz qu'el vescoms ni l'autra gens s'en aperceubes; e quant lo vescoms s'en aperceup, si s'estraniet de lui, e la moillier fez serrar e gardar. E la domna si fez dar comjat à N Bernartz quel se partis e s'eloingnes d'aquella encontrada. Et el s'en parti e si s'enanet a la duquessa de (L) Normandia, qu'era joves e de gran valor, e s'entendia en prez et en honor, et en ben dig de lausor : e plasion li fort las chansos e'l vers d'EN Bernart, et ella lo receup e l'acuilli mout fort. Lonc temps estet en sa cort, et enamoret se d'ella et ella d'ellui; e fez mantas bonas chanzos d'ella. Et

estan cum ella, lo reis Enrics d'Engleterra si la tolc
per moillier, et si la trais de Normandia e si la menet
en Angletera. EN Barnartz si remas de sai tristz e do-
lenz; e venc s'en al bon comte Raimon de Tolosa, e
com el estet tro qu'el coms mori. Et EN Bernartz per
aquella dolor si s'en rendet a l'orde de Dalon, et lai el
definet. E ieu N Ucs de Saint Circ de lui so qu'ieu ai
escrit si me comtet lo vescoms N Ebles de Ventedorn
que fo fils de la vescomtesa qu'EN Bernartz amet, e fez
aquestas chansos que vos auzirez aissi desoz escrip-
tas » (1).

(1) *Traduction française.* Bernard de Ventadour fut du Limousin, du château de Ventadour. Ce fut un homme de basse extrac-
tion, étant fils d'un domestique qui était le fournier chargé de
chauffer le four à cuire le pain du château. Bernard était bel homme,
adroit, sachant bien chanter, bien *trouver*, courtois et instruit. Et le
vicomte de Ventadour, son seigneur, s'accommoda fort de sa personne,
de son talent, de ses chansons, et le traita avec distinction. Le vicomte
avait une femme jeune, jolie et gaie, à qui Bernard plut ainsi que ses
chansons; elle devint amoureuse de lui, comme il le fut aussi de la
dame, de sorte qu'il fit d'elle le sujet de ses chansons et de ses vers,
où il chantait son amour pour elle et ses belles qualités. Leur amour
dura long-temps sans que le vicomte ni autre s'en aperçût. Lorsqu'il
le remarqua, il s'éloigna de Bernard et fit enfermer et garder sa femme.
La dame fit congédier Bernard pour qu'il partit et s'éloignât de ce
pays. Il se rendit auprès de la duchesse de Normandie, qui était
jeune, très-distinguée et qui s'entendait en estime et en honneur,
et en tout ce qui est digne de louange. Les chansons et les vers de
Bernard lui plaisaient beaucoup. Elle le reçut et l'accueillit très-bien.
Il resta long-temps à sa cour, et ils s'aimèrent mutuellement; il fit
sur ses amours plusieurs jolies chansons.

Pendant qu'il était chez la duchesse, le roi Henri d'Angleterre
l'épousa, la tira de la Normandie et l'emmena en Angleterre. Bernard resta de ce côté-ci (de la mer) triste et dolent, et il se rendit

Hug de Saint-Circ fut donc à la fois écrivain en prose et poète, et il développa par ses études à Montpellier les germes des talents qu'il avait reçus de la nature. On ne peut donc pas admettre les conséquences qui résulteraient du texte de quelque manuscrits d'après lesquels Hug aurait, non pas écrit, mais *fait écrire* la vie de Bernard de Ventadour, ce qui le supposerait illettré. Ces manuscrits portent en effet, *so que ieu* AI FAIT ESCRIURE : mais celui du Vatican dit textuellement *so que ieu* AI ESCRIT; il dit la même chose, *ieu.. ai escrichas estas razos*, « j'ai écrit ces faits », dans la vie de Savaric de Mauléon : on ne peut pas supposer en effet qu'un homme qui fréquenta assez long-temps les écoles de Montpellier dans le but d'y acquérir les connaissances nécessaires aux hommes d'église, ignorât l'art si nécessaire de l'écriture. Hug de Saint-Circ fut donc un des hommes les plus distingués parmi les letttrés de son temps, et c'est une célébrité que la province de Quercy revendique à juste titre et avec un empressement qui l'honore.

On assure que c'est de la même province, (du château de Bretenoux), que fut tiré un des plus beaux manuscrits des poésies des troubadours, qui fut en-

auprès du bon comte Raimond de Toulouse; il resta avec lui jusqu'à la mort du comte; Bernard, en proie au chagrin, entra pour ce motif dans l'ordre de Dalon (1) où il mourut. Ce que moi Hug de Saint-Circ écris ici de lui, c'est le vicomte N Eble de Ventadour, le fils de la vicomtesse que Bernard aima, qui me l'a raconté ; et il fit les chansons que vous *entendrez* ci-dessous écrites.

(1) Monastère de Bernardins à Dalon en Limousin, vers la frontière du Périgord. (Note de M. l'abbé de Lespine.)

voyé en présent à Louis XIV et qui doit être aujourd'hui parmi ceux de la Bibliothèque du roi (1).

La langue romane est encore la langue générale dans le Quercy, et pour cet idiome comme pour tous les autres, il est d'un assez grand intérêt de le comparer avec lui-même par le moyen de documents authentiques : c'est ce que nous permet la Charte que je publie et qui nous montre le dialecte roman du Quercy tel qu'il était il y a près de cinq siècles.

D'ailleurs cette charte n'est pas dénuée de tout intérêt historique. Elle est une des plus étendues que je connaisse, et la ville qui l'obtint *sine turbulentá conjuratione*, du moins il n'en reste aucune mention, y consigna les parties les plus essentielles de son droit public et privé, sa juridiction municipale, ses franchises et privilèges, ses droits utiles et honorifiques. Cette pièce a aussi tous les caractères qui, d'après Secousse et Bréquigny, constituent les véritables chartes de commune, et les distinguent d'une simple rédaction authentique de leurs coutumes. La commune ou *université* est octroyée et instituée d'abord par le seigneur, et il reconnaît ensuite, approuve et confirme les coutumes qui régiront la commune, et ces coutumes comprennent à la fois les lois concernant les contrats civils, la procédure, la punition des crimes, la juridiction municipale, les franchises et privilèges, les réserves du seigneur, et les charges de l'université. Nulle part on ne trouve dans

---

(1) L'abbé Foulhiac, qui a laissé, à la fin du XVIIᵉ siècle, des mémoires manuscrits sur le Quercy, dit avoir vu vingt à trente manuscrits des troubadours dans ce château de Castelnau de Bretenoux.

notre charte des traces de l'ignorance, de la super-
stition ou de la férocité qui rapprochent quelques monuments de ce genre, des lois des anciens Francs.
L'équité et le besoin de liberté et de sûreté se ma-
nifestent dans chacune de ses dispositions : les personnes sont sous une sorte de protection publique ; tout
homme de la commune retenu par l'ordre du seigneur, doit être relâché sur caution ; si cet homme
est accusé d'un crime, les consuls peuvent toujours le
voir et le conseiller ; durant les informations judiciaires,
des prudhommes de la commune sont présents à tout,
afin de s'assurer qu'il est fait bonne justice envers
l'accusé ; la propriété est mise à l'abri des vexations
du seigneur et de ses hommes ; à l'avenir il ne prendra
plus rien à personne sans en payer le prix. Ses agents
ne peuvent entrer chez les particuliers qu'en certains
cas, et dans quelques uns ils ne le peuvent sous aucun
prétexte : on stipulait donc aussi au XIIIe siècle la
sûreté individuelle, le respect des propriétés, l'invio-
labilité du domicile autrement que dans les cas prévus
par les lois, enfin la justice criminelle par des jurés,
car les prudhommes qui, dans la charte de Gréalou,
assistent les juges du seigneur dans l'intérêt de l'accusé,
sont aussi des jurés. A voir l'exactitude des rédacteurs
des chartes de commune à y insérer régulièrement
toutes les conditions propres à élever les adhérants
au rang de citoyen et à leur assurer la possession
des droits que supposait cette dignité, on est amené
à conclure de ce fait, qui se reproduisit dans tant de
lieux divers de la France, ou que la connaissance des
principes sociaux émanés de la liberté nécessaire à

l'homme, s'était partout traditionnellement conservée par une tacite protestation contre les empiètements des puissances que la force avait faites usurpatrices des personnes et des choses, ou que chaque village de France eut à point nommé son Montesquieu. Ceci nous ramènerait, sans efforts peut-être, aux souvenirs de l'organisation fédérale des Gaules, et aux institutions municipales des Romains : mais un souvenir plus prochain porte notre attention avec notre gratitude vers un acte immortel comme la mémoire de la docte et profonde sagesse de son auguste auteur : la charte de Louis XVIII a réalisé tous les vœux comme toutes les expériences des siècles passés : elle est la grande charte de la grande commune que forme la France entière.

La juridiction municipale était l'attribut essentiel de la commune : on verra dans la charte de Gréalou jusqu'à quel point extrême on porta les règles et les précautions qui devaient garantir à la commune l'existence de l'autorité municipale qui constituait son véritable gouvernement : il est impossible au seigneur d'empêcher l'élection des consuls : la commune s'assemble de plein droit à jour fixe ; les consuls sont élus à la pluralité des voix ; la commune est représentée ensuite par la majorité des consuls ; si cette majorité ne se réalise pas le premier jour, des ajournements successifs les rappellent une seconde fois, une troisième même ; à la quatrième assemblée, les votants présents forment cette majorité quel que soit leur petit nombre, et l'un d'eux fût-il tout seul fait légalement les nominations, sans que, dans aucun cas, les élus puissent refuser leur mandat : des amendes et même des peines garantissent

leur assentiment. Ainsi à moins que tous les hommes
de la commune, et tous sans exception d'un seul, ne
fussent corrompus ou esclaves volontaires, la commune
ne pouvait périr puisque son gouvernement ne pouvait mourir. Des précautions et des garanties contre
les abus les plus violents et les plus nuisibles, font
supposer que ces abus avaient existé jusqu'alors : la
morale n'était pas toujours la compagne du pouvoir, et
l'on peut pardonner quelques terreurs à des hommes
qui venaient de se délivrer de tant de mesquines ty-
rannies.

On trouve aussi dans la charte de Gréalou l'énoncé
des droits exprimés dans presque tous les actes de
cet ordre, et qui étaient les attributs nécessaires de la
juridiction municipale, savoir, l'hôtel commun pour
les assemblées, mais il ne doit se composer que d'un
rez-de-chaussée, sans grenier, surtout sans fortifica-
tions ; la cloche pour convoquer ces assemblées, le
sceau pour authentiquer les délibérations, une arche
ou coffre pour enfermer les papiers, enfin une bourse
ou trésor de la commune. Elle a aussi sa prison indé-
pendante du seigneur qui s'est réservé néanmoins la
haute et basse justice, et tous autres droits et privilèges
dont il ne se dépouille pas expressément dans la charte :
et cette charte, il la concède de son plein gré, sans y
être contraint par force, dol ni fraude, à jamais irrévocable comme il s'y engage pour lui et ses successeurs
et héritiers, déclarant nulle d'avance toute tentative
pour l'infirmer soit dans son entier, soit dans quelqu'une et même une seule de ses dispositions, tous
droits du seigneur ou d'autrui réservés. L'administra-

tion municipale y est au surplus instituée dans tous
ses détails, les consuls ont un conseil, des valets de
ville, des crieurs publics, des syndics amovibles, et
autres accessoires de l'autorité consulaire; des peines
sont prononcées contre ceux qui révéleront les secrets
des conseils, des amendes contre les consuls ou conseillers qui ne se rendront pas aux assemblées municipales, enfin contre les délits qui atteignent les propriétés. La liberté du commerce y est aussi stipulée; des
foires et marchés sont établis; les marchands étrangers
à la commune y sont admis à certaines conditions; les
mesures légales y sont déclarées, et ceux qui en em-
ploiront de fausses seront punis. Le droit de tester
est reconnu à toute personne non incapable; les cas
ab intestat y sont prévus; à défaut de parents, le
seigneur dispose des héritages vacans, la dot des
femmes et les droits des créanciers réservés par privilège.
La vente des propriétés foncières est également libre
avec un droit de préférence pour le seigneur qui doit
l'exercer dans un délai déterminé. Toute vente et legs de
propriété à une église, temple ou hôpital sont déclarés
nuls de droit. Les réglements relatifs à la justice criminelle et à la pénalité offrent aussi quelques singula-
rités; le vol, le meurtre, l'adultère et d'autres crimes
y sont prévus avec distinction des circonstances. Parmi
les bénéfices de la charte pour les habitants, ceux-ci
se délivrent de l'obligation de suivre le seigneur à
cheval hors de ses terres, et en cas de guerre, au-delà
d'un rayon de cinq lieues; ils ne peuvent être mis à
contribution pour payer les dettes du seigneur, ils ne
sont pas tenus de lui prêter leurs bestiaux. Les rues

et chemins seront tenus en bon état par les soins des
consuls et du baïle du seigneur; celui-ci ne peut gré-
ver la commune d'aucun impôt, ni taille; les consuls
au contraire peuvent en établir pour les affaires de la
commune et pour ce qui est dû au seigneur; les
garènes et le banc du seigneur y sont spécialement
protégés. La vente du pain et d'autres denrées est
soumise à des règles de police ; et quant aux biens des
habitants qui passeront temporairement dans les mains
du seigneur, celui-ci sera tenu, pendant ce temps, de
payer les taxes dont ces biens sont grevés au profit de
la commune. Parmi une foule d'autres dispositions on
remarque aussi l'article 68, d'après lequel la femme
n'est pas engagée par le fait des obligations contrac-
tées par le mari et réciproquement ; et l'article 73 qui
investit le juge du seigneur du droit d'interprêter les
clauses douteuses ou ambigües de cette charte.

Il nous reste à faire connaître l'origine de cette
pièce, et la voici. Le 13 janvier 1446, Dieudonné
Arnal Baras, damoisel, seigneur du château de Béduer
et du lieu de Gréalou, au diocèse et sénéchaussée de
Cahors, acensa de nouveau la terre de Gréalou à un
certain nombre d'habitants qui y sont dénommés et
dont chacun, seul ou avec des associés, prend une portion vingtième pour sa part : le protocole de cet acte
est ainsi conçu :

« In nomine Domini amen. Anno incarnationis ejusdem millesimo quadringentesimo quadragesimo sexto,
et die decimâ tertiâ mensis Januarii, illustrissimo prin-
cipe domino nostro Carolo (Charles VI) Dei gratiâ
Francorum rege regnante : noverint universi et singuli,

præsentes pariter et futuri, seriem hujus veri et publici instrumenti visuri, lecturi, ac etiam audituri,
quod in præsentiâ mei notarii publici et regii, et tes-
tium infrà scriptorum, apud locum de Grialone, diœ-
cesi et senescalco Cadurcensi, et in aulâ castri sivè tur-
ris ejusdem loci, existens et personaliter constitutus
NOBILIS ET POTENS VIR DEODATUS BARAS, DOMICELLUS,
DOMINUS CASTRI DE BEDORIO ET LOCI DE GRIALONE SU-
PRADICTIS, in altâ et bassâ jurisdictione, dictarum diœ-
cesis et senescalci Cadurcensis, filius et hæres univer-
salis nobilis et potentis viri domini Deodati Baras
militis, quondam ejus patris; tam pro jure quod ipse
habet, quàm pro ratione acquisitionis factæ per ipsum
nobilem Deodatum in tempore præfato in ipso loco et
pertinentiis ejusdem loci de Grialone; attendens uti-
litatem et beneficium suum et suorum; nòn inductus
nec seductus ab aliquo seu aliquibus, vi, dolo, metu,
fraude aut malâ machinatione alicujus personæ, sed
gratìs et spontè, pro se et suis hæredibus et successori-
bus universis quibuscumque, ACENSAVIT de novo, et
ad novum censum novumque acapitum tradidit nunc
et in perpetuum, per emphiteosim et perpetuam page-
siam, salvis infrà scriptis, antè hujusmodi contractum,
providis viris *Bartholomæo Caude* aliàs *Dossel pro
vigesimâ parte.* etc. » (Suivent les noms dès habitants
intéressés à l'acensement (1).)

(1) Voici quelques renseignements, tirés de pièces authentiques,
sur la famille de Baras ou Barasc :

Cette maison de Barasc était l'une des plus anciennes et des plus
distinguées de la province de Quercy. Son premier auteur connu,

Pour ne pas revenir sur cet acte latin, nous ferons remarquer que, comme dans tous ceux des contrées

Dieudonné de Barasc, qui vivait sous le règne de Henri Ier, roi de France, devait tenir un rang considérable parmi les grands seigneurs de la province, puisque l'abbé de Marcillac crut devoir lui confier la défense de son monastère. Ce fut à la faveur de ce titre d'avoué ou de défenseur, qui passa héréditairement à ses descendants durant plusieurs générations, que ces derniers consommèrent l'usurpation, sur cette abbaye, d'un grand nombre de fiefs, dont ils firent plus tard la restitution.

N. de Barasc, fils de ce Dieudonné, fut un des nobles guerriers qui partirent pour la première croisade sous les ordres du fameux Raymond de Saint-Gilles, comte de Toulouse. Le cartulaire de Marcillac nous apprend qu'il finit ses jours dans la Palestine, et que l'évêque de Cahors, qui avait aussi fait le voyage, rapporta à son retour le testament de ce seigneur, par lequel il restituait les biens qu'il avait jadis usurpés sur ce monastère, et entre autres choses, les dîmes de Blars et de Caniac. On ne connaît aucun membre de cette famille, qui se soit distingué pendant le XIIe siècle; mais au commencement du siècle suivant l'histoire a conservé les noms de plusieurs d'entre eux. Dieudonné de Barasc, seigneur de Béduer, soutint généreusement la cause de l'infortuné Raymond VI, comte de Toulouse, dans la guerre des Albigeois, jusqu'en 1214, où voyant Simon comte de Montfort prêt à fondre sur ses propres domaines, et ne se sentant pas en état de lui résister, Barasc crut devoir se le rendre favorable au moyen d'un simulacre de soumission. Étant allé en conséquence auprès de lui, il lui rendit hommage de toutes ses terres, à l'exception toutefois du château de Béduer et de la forteresse de Lissac, qu'il se réserva expressément; Simon le reçut en graces et promit d'oublier tous les ressentiments qu'il nourrissait contre lui. (V. le texte de l'*Aveu*, page 57.)

Guillaume et Dieudonné de Barasc furent au nombre des gentilshommes Quercynois qui se jetèrent, en 1219, dans la ville de Toulouse que Louis, fils aîné du roi de France, assiégeait. Chargés

méridionales et tant que les actes publics furent mi-
nutés en langue latine succédant à la langue romane,

de la défense de la Barbacane et de la porte *du Basacle*, ils s'y
conduisirent avec tant d'habileté et de courage, que les ennemis ne
purent en approcher. Ces deux vaillants Quercynois ne bornèrent
pas là leurs services : toujours dévoués au prince malheureux dont
ils avaient embrassé la cause, ils l'accompagnèrent dans toutes les
vicissitudes de sa fortune, et ne déposèrent les armes qu'après
qu'il eut forcé ses ennemis à lui accorder une paix sûre et honorable.

Les autres Barasc qui répandirent de l'éclat sur cette famille,
au XIII⁰ siècle, sont Géraud de Barasc, qui fut évêque de Cahors,
depuis 1236, jusqu'en 1250 ; et Dieudonné de Barasc, chevalier,
seigneur et baron de Montbrun, qui, par son testament de l'an 1286,
fonda, dans le lieu de Lissac, dont il était seigneur, un monastère
de religieuses de l'ordre de Cîteaux ; il y a subsisté jusqu'à la révolution. L'hôpital de Poujoula, près de Camburat, dont l'existence
remonte avant le milieu du XIII⁰ siècle, avait été également fondé
par un membre de cette famille.

Arnaud de Barasc, damoiseau, qui donna la charte de Gréalou,
était fils d'autre Arnaud de Barasc, chevalier, seigneur de Béduer
et de Gréalou, et de Sébélié de Panat ; et petit-neveu de Géraud
de Barasc, évêque de Cahors, nommé plus haut.

La maison de Barasc dont les principales alliances depuis 1230,
furent avec les illustres et anciennes maisons de Toulouse-Bruni-
quel, de Gourdon, de Melun, de Castelnau, de Montal, d'Arpajon,
de Peime, de Cardaillac, de Felzins, de Panat, de Cruejouls, de
Massip-Bournazel, de Gimel, de Roquemaurel, de Lascases, de
Balzac, de Beauclair, de Galon, de Montsalvy, de Saint-Projet, de
Belcastel, d'Escafre-de-Careggues et de Pompadour, s'est éteinte
vers le milieu du XVI⁰ siècle dans Jean de Barasc, seigneur de
Béduer et de Gréalou, dont la veuve, Marie de Pompadour-du-
Château-Bouchet, portait, en 1580, le titre de dame douairière
de la terre de Gréalou, et vivait encore en 1593.

ARMES : Coupé, au premier d'azur, au lion léopardé d'argent ;
au second d'or, à la vache passante de gueules.

(Note de M. Lacabane, ancien élève de l'École des Chartes.)

un grand nombre de mots de cette dernière langue
sont introduits dans le texte latin, soit pour désigner
des choses locales qu'il était difficile d'énoncer en
une autre langue, soit même pour y expliquer sans
équivoque certaines expressions latines. On lit en effet
dans l'acte que nous citons et au sujet de la délimita-
tion de la seigneurie de Gréalou, les passages suivants :
« confrontatur cum *valato* dicti loci ; — elle confronte
avec le *fossé* dudit lieu ; plus bas, cum dicto *valato
et carralata*, en roman *lo valat* et *la carral*, le fossé
et *l'emplacement*, terrain d'ordinaire stérile et commun. Une autre confrontation est indiquée *cum car-
rieyra publica*, — avec la voie publique , et aussi : à
parte del *calfour* et juxtà *lous foussats* sive *valats*,
— à partir du four à chaux (1) jusqu'aux fossés ou *valats*. Parmi les réserves que se fait le seigneur on trouve
les suivantes : excepto uno *frustro* terræ, — excepté
une *pièce de terre* ; item plus salvo et retento horto
et *palu*, in quo possit facere unam *scuriam*, unum
galinieirum et unum hospitium porcorum , — se réservant le jardin et *l'étang* où il puisse construire une
écurie, un *poulailler* et une étable à porc ; plus retinet *las devesas* nemoris vocati *de conils*, — plus il se
réserve les *garennes* de la forêt dite *des lapins ;* item
retinet *la garena* seu *garenam* in quâ de præsente sunt
claperii sivè *los clapiés de conils ;* — item il se réserve

_____

(1) On trouve dans les anciens rituels manuscrit des Chartreux,
une oraison pour la bénédiction des fours à chaux après leur con-
struction : *pro benedictione rafurnorum*, les *rafours* en idiome
delphinal.

4.

la garenne dans laquelle se trouvent à présent les *cla-piers*, c'est-à-dire *les clapiers des lapins*. Il se ré-serve aussi que ses bestiaux puissent *depascere* sivè *paissé* (paître) *in dictâ garenâ*, paître dans cette garenne. Enfin parmi les obligations des personnes désignées dans l'acensement, ceux qui prendront caprum sivè *porc - singlar*, (*un sanglier*) habeant tradere caput cum *carterio*, — doivent en donner au seigneur la tête et un *quartier*; il en sera de même des autres bêtes fauves, item ac de bestiis aliis sicut cervi, capreoli masculi sivè *femeli*, de quolibet ipsorum debet tradere *carterium ultimum* sivè *darrié*, — tels que cerfs, chevreuils mâles et femelles, de chacun desquels on devra remettre au seigneur un *quartier de derrière* ou *darrié*; et quant aux droits pécuniaires, le marc d'argent y est évalué à sept livres tournois.

Plusieurs servitudes personnelles sont aussi assignées aux habitants de ce lieu, entre autres deux journées de travail chacun par année *duo jornalia personæ suæ*; mais les habitants y stipulent à leur tour la conserva-tion pleine et entière des franchises et des libertés contenues dans leur *Charte* de commune, déjà exis-tante alors; le seigneur confirme ces dispositions et c'est dans cette confirmation que se trouvent des no-tions précises sur l'état du manuscrit original de cette charte, tel qu'il était en 1446. Le seigneur de Gréalou confirme en effet les libertés et franchises de cette ville « ejusdem modi et formæ quibus in quodam alio instru-mento publico, sumpto per me notarium infrà scrip-tum, continentur; cujus quidem instrumenti tenor est insertus; in quo instrumento plures libertates, consue-

tudines, franquesias ac privilegia dedit et concessit
nunc et in futurum, pro se et suis, dictis hominibus
suprà dictis qui nunc sunt, aut pro tempore futuro
erunt in dicto loco de Grialone et pertinentiis; ejusdem
qui et quæ sunt *especificatæ* in quodam *cayiero* par-
gamenæ et scripto IN ROMANTIO, quæ sunt in dicto
instrumento specificatæ et declaratæ.» C'est ainsi qu'est
qualifiée dans l'acte latin de 1446, la charte qui est
le sujet de ce mémoire, c'est *un cahier en parchemin
écrit en langue romane.* Elle est en effet transcrite
entièrement à la fin de cet acte latin précédée de cet
intitulé : « Sequuntur alia *pagea*, conventiones, libertates et franquesiæ quæ *ab antiquo* erant in dicto
loco de Grialone, et IN ROMANTIO explicatæ, ac inter
alias franquesas et consuetudines contentæ in dicto
libro ; quas voluerunt dictæ partes ponere in præsenti
instrumento, concessæ per dictum de Grialone ut suprà dictum est, ordinatæ per nobilem et potentem
virum Arnaldum Baras patruum suum quondam, et
per ipsum dominum de Bedorio concessæ. »

Cette charte de commune fut donc octroyée par
un des ayeux de Dieudonné de Baras, par noble
Arnald Baras, damoisel, fils de feu autre Arnald
Baras, chevalier, au mois de décembre et le vendredi
(18) avant la fête de Saint Thomas l'apôtre, l'an 1293,
sous le règne de Philippe-le-Bel, comme l'indique le
protocole latin de la charte romane, lequel est ainsi
conçu : « In nomine Domini, amen. Anno incarnationis ejusdem, millesimo ducentesimo nonagesimo tertio,
mense Decembri, videlicet die Veneris primâ antè
festum beati Thomæ apostoli, regnante domino Phi-

lippo illustrissimo rege Francorum. » Le texte des deux actes de 1293 et de 1446 est tiré des minutes de Guillaume Révignes notaire, lesquelles passèrent, on ne sait comment, des archives de la seigneurie de Béduer dans celles de l'église de Peyrusse en Rouergue; ce même Révignes est en effet le notaire qui reçut l'acensement latin de 1446, ainsi terminé : « Actæ fuerunt hæc anno, die, mense, regnante et testibus quibus suprà, et me Guilelmo de Rebignis clerico. »

Il ne peut donc s'élever aucun doute sur l'authenticité de la charte qui nous occupe; nous la publions textuellement en y ajoutant la version en français. Quant au texte, nous avons soigneusement étudié la copie authentiquée qui a servi à notre travail. Elle avait subi quelques altérations, soit dans certaines désinences de mots, soit dans des relations de temps; mais il nous a été facile de faire disparaître ces altérations au moyen d'autres passages du même instrument appliqués à la critique des mots qui nous semblaient avoir subi la main du copiste, et il n'est en effet aucune forme grammaticale propre au temps de l'acte, dont il ne reste d'assez nombreux exemples pour justifier ces rectifications évidemment indispensables, toutefois peu nombreuses. Nous avons d'ailleurs pris conseil de monuments absolument analogues, de la même province, du même temps et du même dialecte; et tels sont : 1° la Biographie des troubadours écrite par Hug de Saint-Circ, dont le lieu de naissance est à peine distant de quatre lieues de la commune de Gréalou; 2° d'un acte d'affranchissement accordé par un seigneur du Quercy, en 1278, à un homme de ses terres, à ses enfants et descendants ; 3° du texte des libertés et franchises de la ville de Cahors, qui font partie des manuscrits de la bibliothèque du Roi, fond de Colbert, n° 118 (1) ; 4° de quelques pièces analogues déja publiées par les savants bénédictins dans les preuves de leur Histoire de Languedoc; 5° des coutumes de Caussade reconnues en 1306, et tirées du trésor des chartes; de celles d'Agen, et de plusieurs pièces inédites, en dialecte roman du Quercy, portant les dates des 19 avril 1256; 7 mars 1270, juin 1271, et 14 septembre 1288, dont les originaux authentiques existent dans diverses archives. Enfin nos grandes collections relatives à l'histoire de France, les *Ordonnances des rois de la troisième race*, et le *Recueil des historiens des Gaules et de la France*, renferment un assez grand nombre de chartes de commune ; mais elles sont toutes choisies parmi celles qui furent soumises à la confirmation du roi. La charte de Gréalou fut octroyée par le seigneur, de son plein droit et bonne volonté ; il n'existe pas de trace de confirmation royale, et il n'est peut-être pas inutile d'observer à ce sujet que, lorsqu'en 1287, des commissaires du roi Philippe-le-Bel, assignant au roi d'Angleterre 758 livres de revenu sur diverses terres du Quercy, à compte de 3,000 livres auxquelles, en 1286, Édouard III règle ses prétentions sur le Quercy (2), y affectèrent un grand nombre de lieux de cette province, désignés dans différentes baron-

---

(1) Titres de Cahors, n° 118, feuillets 33 à 45, in-folio.
(2) Histoire du Quercy, t. II, p. 450.

nies (1), la ville de Gréalou ne fut pas comprise dans cette désignation, quoique quatre autres lieux de la baronnie de Béduer le fussent (2). Il en fut ainsi vraisemblablement parce que le roi n'avait pas en ce lieu le droit de haute et basse justice. L'acte de 1287, en désignant ces lieux, ajoute très-souvent que le roi y possède ce droit ; « *in quâ quidem villâ dominus rex habet altam et bassam justitiam* », et la charte romane montre que Arnald Barras, seigneur de Gréalou, en était lui-même revêtu. Le roi n'assigna donc pas Gréalou aux Anglais, puisqu'il n'en était pas le seigneur. L'état malheureux dans lequel se trouva le Quercy qui, dans ces temps-là, passait alternativement de la couronne de France à celle d'Angleterre pour retourner encore à la première, ne rendit cette confirmation ni facile ni nécessaire (3).

Les pièces analogues qui ne sont pas revêtues de cette formalité se sont trouvées à peu près exclues de la collection des *Ordonnances* comme tout-à-fait étrangères à l'action de l'autorité royale : presque toutes les chartes des pays méridionaux en sont également

(1) Voir le texte de l'acte, Histoire du Quercy; t. II, p. 425.

(2) *Idem*, p. 433.

(3) Dans tous ces troubles, la ville de Gréalou ne fut pas épargnée. Elle était occupée par les Routiers ou compagnies anglaises, en mai 1387. Elle fut évacuée avec plusieurs autres places du Quercy, et retourna au pouvoir des Français, sur la fin de cette même année, par suite du traité conclu à Rodez, le 6 de juillet, entre le comte d'Armagnac et les capitaines des compagnies.

L'évacuation de toutes ces forteresses ne fut pas immédiatement exécutée. Quelques-unes, à la vérité, furent remises entre les

dépourvues, et c'est peut-être une raison de plus pour que celles de ces chartes qui existent encore et qui sont inédites, soient plus soigneusement recherchées et conservées : le Recueil des Ordonnances n'a d'ailleurs admis que des instruments en latin ou en français : la charte de Gréalou étant écrite en langue romane du XIIIe siècle, ne peut manquer d'exciter quelqu'intérêt comme un monument à la fois historique et littéraire.

mains du comte d'Armagnac sur la fin du mois de septembre, mais la plupart restèrent occupées jusqu'en 1390.

Gréalou dut être des premières évacuées. Il n'est, en effet, postérieurement question de ce lieu dans aucun des rôles ou accords qui furent faits lors de l'évacuation des autres places, en 1390.

Bertro de Bessanat, qui tenait Gréalou, en mai 1387, est le même que *Bertronnet de Bersanat,* ainsi nommé dans le traité du 6 de juillet suivant. Histoire de Languedoc, IV, *preuves,* 373. (*Note de M. Lacabane.*)

———————

Hommage de Dieudonné de Barras à Simon,
comte de Monfort.

Universis præsentes litteras inspecturis ego Deodatus Baras salutem in Domino. Noveritis me, prestito juramento, evangeliis tactis corporaliter sacro-sanctis, bonâ fide pepigisse domino meo Symoni comiti Leyce. Domino Montis Fortis, Dei providentia Biterren. et Carcass. vice-comiti, et semper ero eidem contra omnes viventes in auxilium et juvamen. Concedo etiam et sub prædicto sacramento quòd forcias meas, necnon villas et castra, ad voluntatem suam et arbitrium dirui faciat cùm de forciis aliorum Baronum terræ caturcensis dirui faciet. Ita tamen quòd castrum de Buduer et forciar de Lissac cum integritate murorum mihi debent integrè remanere, etc.

Actum in exercitu Dⁿⁱ, juxta Moncuc, anno dom. M°CC°XIIII.° pridiè idus junii. (*Archives de Carcassonne.*)

TEXTE DE LA CHARTE

EN LANGUE ROMANE.

I.

Intitulé de l'instrument.

Aissou son las franquesas e las libertatz autrejadas e confirmadas per lo noblé N Arnal Baras, donsel, senhor dé Béduer et dé Grialou, filhs qué fossa en reiré dé N Arnal Baras, cavalié, als homs et habitantz del répari dé Grialou sobré dich et de sas aparténensas, qué y son ni per tot temps y serau et y staran en lo dich loc.

II.

Date latine.

In nomine domini, amen. Anno incarnationis ejusdem millesimo ducentesimo nonagesimo tertio, mense decembri, videlicet die Veneris primâ ante festum beati Thomæ apostoli, regnante domino Philippo illustrissimo rege Francorum.

III.

Protocole.

Conoguda causa sia a totz homs al présens et ende-

TRADUCTION

FRANÇAISE.

I.

Ce sont les libertés et les franchises octroyées et confirmées par noble Arnal Baras, damoisel, seigneur de Béduer et de Gréalou, fils de feu Arnal Baras chevalier, aux hommes et habitants du lieu de Gréalou susdit et de ses apartenances, qui y sont, et qui dans tout temps seront et demeureront dans ledit lieu.

II.

Au nom de Dieu, *amen.* L'an de son incarnation mil deux cent quatre-vingt treize, au mois de décembre, le (18) premier vendredi avant la fête de saint Thomas l'apôtre, régnant notre seigneur Philippe-le-Bel, le très-illustre roi des Français.

III.

Qu'il soit connu à tous présents et à venir, qu'en

venidors, qu'en la présentia dé my notari et d'els testi-
mons déjos escrichs personalamen establit fo noblé
Arnal Baras, senhor dé Béduer, filhs en reiré d'el
noblé mosénhé N Arnal Baras cavalié; que most, e
per bona fé, e sen engan, e per sa propria bolontat,
no forsat né costringt, né per frau, né per naüsio,
a aisso déjos escrich amenat mos per sa propria bolontat e de so drech saber, certificat de drech et de
fact, prémiéramen :

IV.

Octroi des libertés.

Prémiéramen : instruch sayen que disia, per sé e
per tots sos successors et sos héritiéz e bolontaris,
ben dona et autreja per aras, e per tot temps sen
évoc, (et se n'alcun éria jamai e s'auses en tot contra-
disi estot contrat, que no y fara en res, ne altré per
négun gés, ne per négun articls), a sos amatz e fials
als pro homs et als habitants dé la vila sua dé Grialou
e del destrech e de las aparténensas, ad aquels que
aras y son ni en tot temps y seran, et my notari déjos escrich stipulan et receban per nom et per egard
d'els habitants que y son et de tot temps y seran, las
franquesas e las costumas e las altras causas déjos
escrichas e contengudas, en la maniéra et ab las pactios
e convenensas, conditios et aordinatios déjos escrichas
e convengudas.

la présence de moi notaire et des témoins ci-dessous
nommés, fut présent personnellement noble Arnal
Baras, seigneur de Béduer, fils de feu noble monsieur
Arnal Baras, chevalier, lequel mu de bonne foi, et
sans surprise, de sa propre volonté, non forcé ni contraint, ni par fraude, ni par violence, à ce qui est
ci-dessous écrit déterminé seulement par sa propre
volonté et d'après son droit savoir, certifié de fait et
de droit :

IV.

Premièrement : qu'ils sachent que, dès ce jour, pour
lui et pour tous ses successeurs, ses héritiers et les
exécuteurs de ses volontés, il donne réellement et
octroie pour à présent et à toujours sans révocation,
(et s'il y avait jamais quelqu'un qui osât en rien con-
tredire ce contrat, que cela n'y fasse rien, ni autrement par qui que ce soit, ni à l'égard d'aucun article)
à ses amés et féaux, les prud'hommes et les habitants
de sa ville de Gréalou et de sa banlieue et de ses appartenances, à ceux qui à présent y sont et qui en
tout temps y seront, et moi notaire sous-signé stipu-
lant et recevant pour et au nom des habitants qui y
sont et qui en tout temps y seront, les franchises, les
coutumes et les autres choses ci-dessous écrites et contenues, en la manière et avec les accords, les conven-
tions, conditions et dispositions ci-dessous écrites et
convenues.

V.

Établissement de la commune.

- Aisso es qué en la vila de Grialou sia et puesca
esser communautat et universitat, e qué aja lo
drech de universitat, en la forma qué seg :

So es à sabér qué en la dicha vila de Grialou et al
destrech et en las apartenensas, sia e puesca esser
communautat *seu universitas*, qué gaugé e puesca
gaugir del drech dé universitat, e qué puesca las
drechuras dé universitat destendre e gardar en démandan e défendan, o d'altra maniéra legitimamen; ré-
ténen a sé lo dich N Arnal Baras, en la dicha universitat e sobré la dicha universitat de la dicha vila dé
Grialou, del destrech e de las apartenensas, la jurisdictio alta et bassa juxta à sa senhoria ségon qué fo
en reirés entra al dia présent, et ly ni li sieus an acos-
tumat aber en la dicha vila ni en sas apartenensas;
laqual senhoria no entend apartir de sé ne dei sieus,
per neguna causa, altra que que autreji déjos ni aja autre-
jada als habitantz présens ni endévénens de la dicha
vila ni del destrech ni de sas apartenensas sen excep-
tar qué qué sia ; et bol et autreja lo dich noblé per sé
et per li sieus, qu'els cossols de la dicha vila de Grialou e del destrech e de sas apartenensas qué y son ara
ni per tot temps y seran segon lo ordonamen déjos
escrich, ajan congnoissensa e puescan conguoissé d'els
casés autréjats a lor pel dich N Arnal Baras, et qué
aquela congnoissensa tenian d'el, si e lor successors en la dicha vila e de la dicha vila, e que ayan
las franquesas déjos escrichas lidichs habitantz.

V.

Ceci est qu'en ladite ville de Gréalou il y ait et il puisse y avoir *commune* et *université*, et qu'elle ait droit d'*université* en la forme qui suit.

C'est à savoir qu'en ladite ville de Gréalou, sa banlieue et ses appartenances, il y ait et il puisse y avoir *commune seu universitas*, qui jouisse et puisse jouir du droit d'université, qui puisse faire valoir et garder ses droits d'université en demandant et en défendant, ou de toute autre manière légitimement; se réservant ledit Arnal Baras, dans ladite université et sur ladite université de ladite ville de Gréalou, de sa banlieue et de ses appartenances, la jurisdiction haute et basse inhérente à sa seigneurie, selon qu'elle a été ci-devant jusqu'à ce jour et que lui et les siens ont accoutumé de l'avoir dans ladite ville et ses appartenances ; de laquelle seigneurie il n'entend se départir ni pour lui ni pour les siens pour aucune cause, si ce n'est pour celles qu'il octroie ci-dessous et a octroyées aux habitants présents et à venir de ladite ville, de sa banlieue et de ses appartenances, sans en excepter quoi que ce soit. Et veut et octroie ledit noble pour lui et les siens, que les consuls de ladite ville de Gréalou, de sa banlieue et de ses appartenances, qui y sont à présent, et en tout temps y seront, selon les dispositions ci-dessous écrites, aient connaissance et puissent connaître des cas octroyés à eux par ledit Arnal Baras, et qu'ils tiennent cette connaissance de lui, eux et leurs successeurs en ladite ville et de ladite ville; et que ses habitants aient les franchises ci-dessous écrites.

VI.

Maison commune.

Aisso és qué la dicha communautat puesca aber
mayso propria en qué tratan de los négocis.

E tot prémiéramen bolguet et autrayet lo dich noblé,
qué la dicha communautat *seu universitas* aja e puesca
aber mayso sua propria e communa, bassa, e sen so-
lié ne fortaressa, on se fassan e puescan far e delhioura
li commus négocis de la dicha vila, et on li cossols s'y
puescan ajustar et ordonar so qué tangera al proufit
de la dicha vila; e qué li cossols per lor et per lor
ordonamen en puescan gardar e téner; e per la universitat e per so mandamen sé gardé, sé p'els cossols
défailla; et on ly habitantz puescan benir, e querré e
procréa lor proufit commu al bolontat d'els cossols,
sen naframen de la senhoria.

VII.

Archives, sceau et bourse.

Aisso és qué la dicha communautat puesca aber
archa communa, e papiés, e sagel, segon qué
s'en seg.

Item, qué la dicha communautat et universitat aja
e puesca aber archa communa, sagel commu, et
alamoneira communa, et papiés commus, et altras
enseignas de universitat, sal lo sieu drech et tot altré
estrang; et qué tot sia gardat et tengut p'els cossols
e per lor mandamen; e per la universitat e per so
maudamen per lor defollia.

VI.

Ceci est que ladite commune puisse avoir une maison en propre pour y traiter des affaires.

Et tout premièrement, voulut et octroya ledit noble, que ladite commune *seu universitas*, aie et puisse avoir une maison en propre et commune, basse, sans grenier ni fortification, dans laquelle les affaires communes de ladite ville se feront et pourront être faites et délibérées, où les consuls pourront s'assembler et régler ce qui touchera aux intérêts de ladite ville; laquelle les consuls par eux ou par leurs ordres pourront garder et tenir, et pourra être gardée par l'université ou par son ordre, si les consuls y manquaient; et dans laquelle lesdits habitants puissent se rendre, discuter et régler leurs intérêts communs, selon la volonté des consuls, et sans dommage envers la seigneurie.

VII.

Ceci est que ladite commune puisse avoir arche commune, papiers et sceau, ainsi qu'il s'en suit.

Item que ladite commune et université aie et puisse avoir arche commune, sceau commun, bourse commune, papiers communs et autres insignes d'université, sauf ses droits (du seigneur) et tout autre droit étranger : et que le tout soit gardé et tenu par les consuls et par leur ordre, et par l'Université et par son ordre à leur défaut.

5

VIII.

Création et élection des consuls.

Aisso és qué la Universitat puesca créar cossols et en qual temps, ségon que déjos s'en seg.

Item, qué la dicha Universitat aja et puesca aber e créar, per temps, quatré cossols e plus, ségon qué a lor seria abist; pels quals cossols la dicha Universitat se regisca e puesca régir ségon qué conbé; li cals cossols seran créats à la prémiéra beyada per la Universitat, e créats estaran en lor offici un an, et al cap de l'an, els créaran é porran créar; et seran créats et mudats lidichs cossols cad'an lo prémier dia dichs. E sé s'endébénia qu'els cossols se discordessan en créan lor successors, que estan boti à la major part; et si la major part no li aparia idounos, que li coussels à la major part s'accordon; e sé no puescan accordar per li élégir, puesca élégir lo coussel; é s'els cossols ne coussel no eran accordatz à élégir, en aquel cas la Universitat li puesca créar e élégir, o la major part de l'Universitat ségon sos drech, segon e cora qué plagués o l'y fos abist de far, é né pel temps né per néguna altra causa no perga lo drech dé élégir ni dé créar los dichs cossols; et dé nové transporta lo poder d'élégir et de créar los dichs cossols, à la dicha Universitat. Créats et élégis per la dicha Universitat ségon qué dréches, li cossols créats et élégis per lor ajan poder dé créar et élégir successors com sobré es dicht et de far lor tot officis com déjos sé conté : et sé s'endébenia que sé des cossols élégis elegir no volga la major part d'els botans, en aquel cas els altres déjos, sen la major part, puescan

VIII.

Ceci est que l'Université puisse créer des consuls, et en quel temps, selon qu'il suit ci-dessous.

Item que ladite Université aie et puisse avoir et créer à temps, quatre consuls et plus, selon qu'il leur conviendra, par lesquels consuls ladite Université soit régie et se puisse régir selon qu'il convient; lesquels consuls seront créés le premier jour de l'an par l'Université, et créés, ils resteront en fonction une année; au bout de l'année, ceux-ci en créeront et pourront en créer d'autres; lesdits consuls seront créés et changés tous les ans, le premier jour susdit. Et s'il arrivait que les consuls fussent en désaccord en créant leurs successeurs, qu'il y ait vote à la majorité; et si la majorité ne s'accordait pas sur les hommes aptes, que le conseil s'accorde avec la majorité (des consuls); s'ils ne peuvent encore s'accorder pour les élire, que le conseil puisse les choisir; et si les consuls ni le conseil ne s'accordaient point pour l'élection, que dans ce cas l'Université les puisse créer et élire, ou bien la majorité de l'Université selon son droit, selon et quand il lui plaira et il lui conviendra de le faire, et que ni pour délai ni pour aucune autre cause, elle ne perde son droit d'élire et de choisir lesdits consuls. Il transporte de nouveau à ladite Université le pouvoir d'élire et de créer lesdits consuls. Que créés et élus par ladite Université, selon qu'il est de droit, les consuls créés et élus par elle, aient le pouvoir de créer et d'élire leurs successeurs comme il est dit ci-dessus,

5.

élégir; entendant qué un tot sol fassa la major part per élégir s'els altrés no volgan élégir ; en aquel cas és à un tot sol autrejat lo poder d'élégir et de créar, s'els altrés no-z-y volgan benir. Et sé s'endébénia qu'els cossols né dégun de lor no bolguessan élégir né créar, en aquel cas lo poder d'els cossols en discordia et en bolontat dé no élégir, sia deut à la Universitat, et la Universitat, o la major part, ségon que drech lo enentend, élégis ségon encora que bolra ; e qué per temps né per altra causa no se perga lo drech dé élégir ni dé créar los dichs cossols à la Universitat : élégis quals cossols per lor ajan poder de élégir e créar successors e de far totz los officis segon que déjos és escrich. E sé per aban s'endébénia zizania ni discordia en la créatio dels dichs cossols, una bés o majas, en tot temps que li cossols o li coussels no puescan o no bolguessan s'accordar et élégir, qué en aquel cas tot sia guardat e tengut en la maniéra qué sobré és escrich et ordonat.

I X.

Conseil des consuls.

Aisso és qué li cossols puescan aber quatré coussels o plus, ab qui se cousseillan.

Item, qu'els cossols qué l'y son ni per tot temps y

et de faire et remplir toutes leurs fonctions comme il est
contenu ci-dessous. Et s'il arrivait que la majeure partie
des votans des consuls élus ne voulut pas élire, dans
ce cas que les autres votants restants puissent élire sans
la majorité, entendant qu'un tout seul fasse la majorité
pour élire, si les autres ne veulent pas élire; et dans
ce cas le pouvoir d'élire et de créer est octroyé à
un tout seul si les autres ne veulent pas y assister. Et
s'il arrivait que les consuls, ni aucun d'eux, ne voulussent élire ni créer, dans ce cas que le pouvoir des
consuls en désaccord ou en volonté de ne pas élire, soit
dévolu à l'Université, et l'Université ou la majeure
partie, selon qu'il est de droit, élit selon encore qu'elle
le veut, et que pour délai ni pour autre cause l'Université ne perde le droit d'élire et de créer lesdits
consuls; que ces consuls alors élus, aient le pouvoir
d'élire et de créer leurs successeurs et de remplir
toutes leurs fonctions, selon qu'il est écrit ci-dessous.
Et si par hasard il arrivait zizanie ou désaccord dans
la création desdits consuls, une fois ou plus, qu'en
tout temps, lorsque les consuls ou les conseils ne
pourront ou ne voudront s'accorder et élire, que dans
ce cas, tout soit gardé et tenu en la manière qu'il est
ci-dessus écrit et ordonné.

IX.

Ceci est que les consuls puissent avoir quatre
    conseils (conseillers) ou plus, avec lesquels ils
    se consulteront.
Item Que les consuls qui y sont et qui dans tout

seran, ajan e puescan aber quatré coussels o plus, segon que lor seria abist, que lor cosseillan e los adjudan fialment en li commus négocis.

X.

Convocation au son de la cloche.

Aisso és qu'els cossols puescan apelar la Universitat à la campana ou en altra maniera.

Item qu'els cossols puescan appelar la Universitat an la campana, o en altra maniéra, publicamen, segon qué lor plaira, per delhioura li commus négocis, et qué lo baïle d'el senhor ly puesca esser sé esser l'y volg, e dir avis public de la Universitat.

XI.

Peines contre les consuls ou conseillers qui refuseront l'office.

Aisso és la péna qué suffertara lo cossol é lo coussel qué récusara lo offici.

El cossol ni el coussel, quan seran créats, no recusara lo fais de l'offici, et si o fasia, lo cossol récusan pagara per péna, a la communautat, a obs d'el commu proufit, cinquanta sols ever seu, e el coussel récusan en pagara cinq à obs d'els commus négocis; et aisso pagara lo récusan réquis p'els cossols din quinzé dias contados d'el dia dé la récusatio; et si in los quinzé dias no abra pagat, sia punit arbitrariament p'els cossols et p'el baïle d'el senhor e la pena aquela sia d'el senhor; e no contrastan aquela péna, paga la pena

temps y seront, aient et puissent avoir quatre conseils ou plus, selon qu'il leur conviendra, lesquels les conseilleront et leur aideront fidèlement dans les affaires communes.

X.

Ceci est que les consuls puissent convoquer l'Université avec la cloche ou de toute autre manière.

Item Que les consuls puissent convoquer l'Université avec la cloche, ou de toute autre manière, publiquement, selon qu'il leur plaira, pour délibérer sur les affaires communes, et que le baïle du seigneur puisse y assister s'il le veut, et dire publiquement son avis sur l'Université.

XI.

Ceci est la peine que subira le consul ou le conseil qui refusera sa charge.

Le consul ni le conseil, quand ils seront créés, ne refusera point la charge de l'office; s'il le faisait, le consul refusant payera comme peine à la commune, au profit commun, cinquante sous, et le conseil refusant en payera cinq à l'avantage des affaires communes. Le refusant payera ceci à la réquisition des consuls dans quinze jours comptés de celui du refus; et si dans les quinze jours il n'a pas payé, qu'il soit puni à la volonté des consuls et du baïle du seigneur, et que cette peine (amende) appartienne au seigneur. Et

susdija à la communautat, récébedos e despendedos
p'els cossols als commus négocis. E se en tota maniéra
bolgan la pena no pagar, o sio cossol o coussel, y sia
constringt p'el senhor o p'el so baïlé, p'el prendamen
dé bés, o dé una altra maniéra conbenabla sen sonte-
neiza, ne una tota appellatio, o stada retenguda.

XII.

Serment des nouveaux consuls au seigneur.

Item li cossols quan seran créatz dé nové, seran
nomatz publicamen; et la Universitat appelat à campana o altra maniéra publicamen, en la prézensa d'el
senhor sé y éro, o sieu baïlé; et s'el baïlé n'el senhor
no y eran, (li cossols) juraran a la communautat, lat
et als présents après la convocatio; e pel més al senhor
et a sieu baïlé quan y seran, si en seran réquis pel senhor
o pel baïlé en présença dé dos o dé trés, s'en aquel
cas no bolgan la communautat ajustar. Et o la forma
d'el ségrament qu'el cossol qué jura deu dir : « ieu aital
(un tal) juri als saints evangélis dé dio, tocats per mi
corporalamen, e promes fialment qué bé gobernarai e
farai mieu offici per tot temps de l'offici, qué serai fial
al senhor tot lo temps de l'offici, et sas drechuras ieü
gardarai fialment, et sa jurisdictio no usurparai de
lies, mos ellas qué son autrechadas à la communautat».
E si s'endébénia qu'el senhor o sieu baïlé no volguessan,
o recusassan, o no puescan récebré lo ségrament qu'els
dicts cossols devan far e prestar en lor créatio, no
contrastant aquo, puescan lor offici exerçar et far.

nonobstant cette dernière peine, qu'il paye celle susdite due à la commune, à recevoir par les consuls,
et applicable aux affaires communes. Si, de toute manière, ils ne veulent pas payer, soit consul, soit conseil, qu'il y soit contraint par le seigneur et par son
baïle, par la saisie des biens ou de toute autre manière convenable, sans discussion ni aucun appel, ni
retard.

XII.

Item Les consuls, lorsqu'ils seront créés de nouveau, seront nommés publiquement; l'Université sera
convoquée par la cloche ou de toute autre manière
publiquement, et en la présence du seigneur s'il y est,
ou de son baïle; et si le baïle ni le seigneur n'y était,
les consuls prêteront serment à la commune, hautement,
et à ceux qui seront présents après la convocation; et
dans le mois, au seigneur et à son baïle, lorsqu'ils y seront,
et si eux en sont requis par le seigneur ou par le baïle,
en présence de deux ou trois personnes, s'ils ne veulent
dans ce cas convoquer la commune. Voici la forme du
serment que le consul qui le prête devra prononcer :
« Moi, *un tel*, jure sur les saints évangiles de Dieu,
« touchés par moi corporellement, et promets que
« fidèlement et bien je gouvernerai et remplirai ma
« charge, pendant tout le temps de cette charge, que
« je serai fidèle au seigneur pendant tout le temps de
« ma charge, que je garderai fidèlement ses droits,
« que je n'usurperai point sa jurisdiction, mais seule-
« ment celles qui sont octroyées à l'Université. » Et s'il
arrivait que le seigneur ou son baïle ne voulussent ou

XIII.

Serment du conseil aux consuls.

Aisso dieu jurar lo coussel als cossols.

E li coussels juraran als cossols qué lor tenran e fialment lor adjuvaran, et li accoussillaran, estau e faisan lor offici, appelatz per lor mandaman benran, et fialment lor obéiran en causas dégudas et honestas.

XIV.

Serment des membres de la commune aux consuls.

Aisso és qué cascun de la Universitat dieu jurar als cossols novels.

Ed un cascun dé la Universitat dé la dicha vila et dé las aparténensas, juraran als cossols, cascun an quan séran créatz et nommatz et ais com sobré es dich, e cora qué sian, et per lor réquésitio, qué per tot lo temps obéiran a lor, à égar d'els facs commus de la dicha vila.

XV.

Valets des consuls.

Aisso és qué li cossols d'el dich loc puescan far serbens ségon que s'en seg.

Item qué li cossols dé la dicha vila qué y son ni per tot temps y seran, puescan aber, estituar et destituar, ségon qué lor plasio, un o dos o trés o quatro

refusassent ou ne pussent recevoir le serment que lesdits consuls doivent faire et prêter lors de leur création,
que nonobstant cela ils puissent exercer et remplir
leur charge.

XIII.

Ceci doit jurer le conseil aux consuls.

Et les conseils jureront aux consuls qu'ils les sou-
tiendront, et fidèlement leur aideront et les conseilleront dans leurs droits et actions ; qu'appelés par leur
ordre, ils se rendront, et leur obéiront fidèlement dans
les choses dues et honnêtes.

XIV.

Ceci est ce que chacun de l'Université doit jurer aux
nouveaux consuls.

Et un chacun de l'Université de ladite ville et de
ses appartenances jurera aux consuls, chaque année
lorsqu'ils seront nommés et créés, comme il est dit
ci-dessus, à quelle époque que ce soit et sur leur réquisition, que pendant tout le temps il leur obéira en
tout ce qui est relatif aux affaires communes de ladite
ville.

XV.

Ceci est que les consuls dudit lieu, puissent nommer
des valets, selon qu'il s'en suit.

Item que les consuls de ladite ville qui y sont et
en tout temps y seront, puissent avoir, instituer et
destituer suivant qu'il leur plaira, un ou deux, ou

serbens *sive* messages, p'els négocis commus espédir
et delhioura; liquals serbens juraran als cossols qué
fialment lor obéiran e lor serbiran, et lor faran fialment so qué s'apparlendra à lor offici-

XVI. et XVII.

Crieurs publics et leur ministère.

Aisso és qué li cossols puescan causir encantadors,
et juraran com s'en seg.

Item que li cossols dé la dicha vila ajan e puescan
aber, causir et élégir encantadors, qué juran al senhor o a sieu baïlé en la prézensa d'els cossols, qué
bé et fialment se aja en so offici; sera créat per so
ségrament d'el fact d'els encans; et lo crompador de
las causas encantadas, mos qué sia de la dicha vila,
d'el destrech o de las aparténensas, sera requis p'els
cossols, o p'el baïlé al défalho des cossols, et al défalho
d'el baïlé per li serbens, de pagar in huech dias lo
prés de las causas crompadas; et sé l'encan és estrang,
sera constringt de pagar tantò pels cossols e pel baïlé,
o pels cossols totz sols, si lo baïlé n'y volga o n'y
puesca esser.

XVIII.

Peine contre celui qui divulgue le secret des consuls.

Aisso és qué si dégun rébélaba lo secret d'els cossols,
suffertaria las penas que s'en segon.

Item si degun rébélaba li cossols ni el secret d'els
cossols de la dicha villa, e d'or qui avan no fossa cossol

trois, ou quatre valets *sive messagers*, pour expédier et exécuter les affaires communes; lesquels valets jureront aux consuls qu'ils leur obéiront et les serviront fidèlement, et rempliront fidèlement tout ce qui appartiendra à leur emploi.

XVI et XVII.

Ceci est que les consuls puissent choisir des crieurs publics assermentés comme s'en suit.

Item que les consuls de ladite ville aient et puissent avoir, choisir et élire des crieurs publics qui prêteront serment au seigneur ou à son baïle, en la présence des consuls, que bien et fidèlement ils se conduiront dans leur emploi; il sera par son serment chargé de ce qui touche les encans; l'acheteur des choses vendues à l'encan, pourvu qu'il soit de la ville, de la banlieue ou de ses appartenances, sera requis par les consuls, ou par le baïle au défaut des consuls, et au défaut du baïle par les valets de ville, de payer dans huit jours le prix des choses achetées; et si l'acheteur est étranger, il sera requis de payer de suite par les consuls et par le baïle, ou par les consuls tout seuls, si le baïle n'y voulait ou n'y pouvait être.

XVIII.

Ceci est que si quelqu'un révélait le secret des consuls, il subirait les peines qui s'en suivent.

Item si quelqu'un révélait *les consuls* ou le secret des consuls de ladite ville, que dès lors en avant, il

ni coussel, et fos jittat tantò for de l'offici ; et en log
d'aquél altro subrogat. E si s'endébénia qu'els cossols
n'el coussel no bolguan o ne puescan subrogar altré,
o no s'accordassan, si aisso s'endébénia una bés o
majas, a tot temps sia gardat et tengut en cas de la
subrogatio com es ordonat sobré de la électio o crea-
tio d'els cossols.

XIX.

Peine contre les consuls ou conseils qui, appelés,
ne se rendraient point.

Aisso és la péna qué li cossols o li coussels suffertarian si apelats no bolguan venir.

Item li cóssols o coussels apelats per sos compa-
gnos o per li serbens, si no bolguan bénir, pagaran
doze denies, pagados, librados et despendados p'els
cossols als négocis commus ; et no constratan la péna,
sia costringt dé bénir p'els cossols p'el prendamen de
tos bés et altra maniéra déguda.

XX.

Serment des habitants au nouveau seigneur et
réciproquement.

Aisso és qué cascun d'els habitantz jurara fialtat al
nobel senhor, ségon la forma que s'en seg.

Item en cas d'un mudamen d'el senhor, li habitantz de la dicha vila et de sas aparténensas, juraran
fialtat al nobel senhor ségon la forma de fialtat ; e lo
senhor jurara lor mêmo temps, qu'el lor gardara lor
libertats e lor franquésas.

ne soit ni consul ni conseil, qu'il soit mis de suite hors de sa charge et un autre subrogé en son lieu. Et s'il arrivait que les consuls ni le conseil ne voulussent ou ne pussent en subroger un autre, ou ne s'accordassent pas, si cela arrivait une fois ou plusieurs, qu'en tout temps il soit gardé et tenu dans le cas de la subrogation, comme il est ordonné ci-dessus à l'égard de l'élection et de la création des consuls.

XIX

Ceci est la peine que les consuls et les conseils subiront si, appelés, ils ne voulaient se rendre.

Item les consuls et conseils appelés par leurs collègues ou au moyen des valets de ville, s'ils ne voulaient se rendre, *payeront* douze deniers, payables et livrables aux consuls et à employer par eux aux affaires communes; et nonobstant la peine, qu'ils soient contraints par les consuls de se rendre, par la saisie de tous leurs biens et par toute autre voie due.

XX.

Ceci est que chacun des habitants jurera fidélité au nouveau seigneur, selon la forme qui s'en suit.

Item en cas d'un changement du seigneur, les habitants de ladite ville et de ses appartenances, jureront fidélité au nouveau seigneur, suivant la forme de fidélité; et le seigneur jurera à eux en même temps qu'il gardera leurs franchises et leurs libertés.

XXI.

Les consuls peuvent établir des droits et taxes.

Aisso és qu'els cossols ajan drech e puescan lébar en la forma que s'en seg.

Item qu'els cossols de la dicha vila qué y son ni per tot temps y seran, per sé et per lor serbens, ajan e puescan aber e tirar e percebré drech dins los confrontatios sobré dichas, et à li proprés bés commus aplicar et despendar. E crédéran se cad'an ly drech, cad'an estan déguts, p'els dicts cossols et per lor mandaman. Li drech son aïtal sabér : qué tot hom e femina qué intra o intrara als vignas, prats, terras o camps o possessios ultra la bolontat dé qui saria, despiey qué séria credat en la dicha vila, en si dins l'y era trobat, pagara trés sols ; si de nuech, vingt sols. Buaux, baquas, cabals, egas, roussis, muol o mula, dos déniés ; asé, sauma, porc, trueja, dos déniés cascun : mouto o ovila, altré dénié ; et si abia bestial ménut qué passa lo nombro de cent bestias menudas, qué fossan totas que sià, aqueli tot à un, ciuq sols tornesés de moneta usual. *Item* si se trobara en mala fuja del bestial menut o gros, foldra qué pagan lo doblé de ço qu'és ordonat sobré : en tot cas, sia satisfach an aquel qué abria prés talas bestias, et siagué crégut per lo ségramen d'aquel que lébaria li drech o d'altra persona conbeniable ; e p'els dichs drech, li cossols o lor serbens puescan pignorrar o gagear o destringer aquel qué no boldria pagar, mos qu'el déguessa ; et si no era que degun bolguessa pagar lo gagéo al serben pella bestia trobada en loc tal, et en

XXI.

Ceci est que les consuls aient des droits et puissent les lever en la forme qui s'en suit.

Item que les consuls de ladite ville qui y sont et en tout temps y seront, par eux et par leurs valets, aient et puissent avoir, lever et percevoir des droits dans les limites susdites et aux propres biens communs les appliquer et dépenser. Ces droits seront publiés chaque année par les consuls ou par leur ordre, étant dus chaque année. Ces droits sont ainsi, savoir : que tout homme ou femme qui entre ou entrera dans les vignes, prés, terres, champs et possessions sans la volonté de celui à qui ils appartiennent, depuis qu'on aura publié les droits dans ladite ville, s'il y est trouvé de jour, payera trois sous; si c'est de nuit, vingt sous. Bœufs, vaches, chevaux, juments, roussins, mulets ou mules, deux deniers; âne, ânesse, porc, truie, deux deniers chacun; mouton ou brebis, un autre denier ; et si c'était du menu bétail qui passât le nombre de cent menues bêtes, quelque soit le nombre, celles-ci toutes ensemble, cinq sous tournois, monnoie courante. *Item* si l'on trouvait au dommage bétail menu ou gros, il faudra qu'on paye le double de ce qui est ordonné ci-dessus; et dans tous les cas qu'on satisfasse à celui qui aura pris ces bestiaux, et qu'il soit cru sur le serment de celui qui lévera les droits, ou de toute autre personne convenable; et pour lesdits droits, que les consuls ou leurs valets puissent demander une caution ou un gage ou contraindre celui qui ne voudra pas payer, pourvu qu'il doive; et s'il arrivait que quelqu'un

aquel cas lo senhor o puesca punir tot rebello en cinq
sols aplicados al senhor ; et ais sian fachas las lebadas
d'els cossols ni d'els serbens de lor. E si tant era qu'el
bestial d'el senhor dona domnatgeo , qué fossa émendat
p'el dich senhor am egard des dicts cossols de la dicha
vila, se no pagaria de la pena empansada contra li
altros.

XXII.

Le seigneur ne peut rien prendre sans payer.

Aisso és qu'él senhor né sa maynada no prengan
bestials d'els homs d'el loc né altras causas.

Item ll senhor de la dicha vila né so serbens, né
so baïlés, né homs dé sa maynada, no prengan né
ausan prendré ré si no o fasia pignorar dégúdamen ;
et si né lebara ni pailha, ni blat, ni néguna altra
causa, galinas, gals o *coqs*, o altras privadas ; buaux,
baquas, ovilas, moutos, cabras, boucs, aniels, cabrits
o altras bestias de calqua conditio qué sian, o altras
manjadoioas ; qualquos fruchs qué sian , péras, pomas,
nosx, rasis, figas, auglanas o altros fruchs ; rabas,
caus, als, ignos o altras causas craïssant en hort dé
ber ; lac, lano, fromatgé ni binagré , bur, oli, o gras
et altra causa dé quale speci qué sia, se n'és bolontat
d'aquel dé qué seria, mos qué conté s'el bol pel justo
prés, s'el senhor dé qui seria la causa no ly boulia
donar de grat.

ne voulut pas payer les gages du valet pour les bêtes trouvées dans tel lieu, le seigneur pourra punir tout récalcitrant, en cinq sous applicables au seigneur, et que tout de même soient faites les perceptions des consuls et des valets. Et s'il arrivait que le bétail du seigneur causât du dommage, qu'il soit décidé par le seigneur avec l'avis desdits consuls de ladite ville, savoir s'il ne payera pas la peine prononcée contre les autres.

XXII.

Ceci est que le seigneur ni sa maison ne prennent bétail des habitants du lieu, ni autre chose.

Item que le seigneur de ladite ville, ni ses valets, ni ses baïles, ni personne de sa maison ne prennent ni n'osent prendre rien s'ils ne le font pas payer dûement; ainsi il ne lévera ni paille, ni blé, ni aucune autre chose; poules, coqs ou autres bêtes privées; bœufs, vaches, brebis, moutons, chèvres, boucs, agneaux, chevreaux ou autres animaux de quelqu'espèce qu'ils soient, ni d'autres comestibles; ni quelques fruits que ce soit, poires, pommes, noix, raisins, figues, noisettes ou autres fruits; raves, poirreaux, choux, ails, oignons et autres choses vertes croissant dans les jardins; lait, laine, fromage, ou vinaigre, beurre, huile ou graisse fondue, et autre chose de quelqu'espèce qu'elle soit, si ce n'est la volonté de celui à qui elles appartiennent, et pourvu qu'il en compte le juste prix, si le maître à qui les choses appartiennent ne veut pas les lui donner de plein gré.

6.

XXIII.

Liberté du commerce même sur gage.

Aisso és qué li habitantz dé la dicha vila et d'el destrech et dé las aparténensas, et cascun de totz qué y son ni per tot temps y seran, puescan ségurament crompar, bendré, ténér et mercadar, en la dicha vila, pa, bi, car, blat, peis, yoüs o fromatgé, o totas causas manjadoïras, e draps o lins, sal, oli, fer, estan, plom, couïré, argen o or, péras, trufas et totas altras causas marsimonias dé qué on usa, an als bestias cugnas qué sian, en maiso o en mercat, o en plaça communa, et en tot altro loc conbénablo et no sospejo. De las causas manjadoïras lo bendeyré sia tengut de recebre gageo qué balguessa lo prix de la causa crompada, dé qui qué sia de la dicha vila et de las aparténensas, e téner lo gageo un més; et si dins lo més no l'abia tract, qu'el puesca bendré, réquis tot prémiéramen lo dioudous, et aquesta conditio fara sé ab coussel de totz los cossols, o dé dos d'els, o del serben del senhor; et quan séro qué n'ayés mai qué né o séria dégut, qué e restitua an aquel delqual séria lo gageo; li estrangs pagaran tantò s'el bendeyré no bolio maleva de grat.

XXIV.

Mesures légales.

Aisso és qué mesura dé blat o altra causa, puesca esser en loc segon Figeac.

Item la mesura dé blat, dé sal, d'oli; li pés, las aunas, las canas, et altras mercadanas qué seran d'aissi

XXIII.

Ceci est que les habitants de ladite ville, de sa banlieue et de ses appartenances, et chacun de tous ceux qui y sont et en tout temps y seront, puissent librement acheter, vendre, tenir et commercer en ladite ville, pain, vin, viande, blé, pois, œufs et fromage, et toutes choses comestibles, et aussi draps, toiles de lin, sel, huile, fer, étain, plomb, cuivre, argent et or, poires, trufes et toutes autres choses marchandes desquelles on se sert, et aussi bétail quel qu'il soit, en maison ou au marché, ou en place commune et en tout autre lieu convenable et non suspect. Pour les comestibles, que le vendeur soit tenu de recevoir un gage qui vaille le prix de la chose achetée, et de quiconque sera de ladite ville ou des appartenances; il gardera ce gage un mois, et si dans un mois on ne l'a pas retiré, qu'il puisse le vendre, après avoir requis d'abord le débiteur; et cette condition sera remplie de l'avis de tous les consuls, ou de deux d'entre eux, ou du servant du seigneur; et lorsqu'il en tirera plus qu'il ne lui est dû, qu'il remette le surplus à celui à qui appartient le gage. Les étrangers payeront de suite si le vendeur ne voulait leur prêter de gré.

XXIV.

Ceci est que la mesure du bled et d'autres choses puisse être en ce lieu suivant celles de Figeac.

Item que la mesure du bled, du sel, de l'huile; les poids, les aunes, les canes et autres manières de

avan, puescan esser en la dicha vila à mesura et al pés de Figeac, et qué no puescan minuar ne creissé, e seran signadas pel senhor e'ls cossols accordadament.

XXV.

Peines au sujet des fausses mesures.

Aissou son las pénas qué suffertaria aquel qué tenra falsa mesura.

Tot hom o femina que fos trobat p'el baïlé d'el senhor, o p'els cossols de la vila de Grialou, tenan falsa mesura, pés, auna, cana, sol qué mésuré, quotas et quantas bés qué seria sobreprés, mos qué y meirés, pagara cinq sols al senhor; si falsa mesura dé blat o altro pés fal, vingt sols al senhor per emenda en vituperi; la mesura del vi, o auna, o cana, o lo pés, o la mesura d'el blat sia faita devan lei, et qué en tot cas satisfassa lo copablé, an aquel qué abra prés lo domnatgé, ab lo senhor o so serben, ab los cossols, et ab dos di lor qué coneissaran de la falsetat d'el pés et de la mesura; et s'el cossol no y volga esser, o no y seria, lo senhor ni son baïlé conegudra, et lebara la pena dessus dicha.

XXVI.

Mesure du vin.

Aisso és qué la mésura de vi sia a mésura de Cajarc.

Item qué la mésura dé vi sia en la dicha vila en

vendre, qui seront d'or en avant, puissent être en ladite ville à la mesure et au poids de Figeac, qui ne pourront être ni diminués ni augmentés, et qui seront marqués par le seigneur et les consuls d'un commun accord.

XXV.

Ce sont les peines que subira celui qui usera de mesure fausse.

Tout homme ou femme qui sera trouvé par le baïle du seigneur, ou par les consuls de la ville de Gréalou, tenant mesure fausse, poids, aune, cane, pourvu qu'il mesure, toutes et quantes fois qu'il sera surpris, pourvu qu'il y manque, payera cinq sous au seigneur ; si c'est une mesure fausse de bled, ou autres poids faux, vingt sous au seigneur pour amende et vindicte ; que la mesure du vin, l'aune, la cane ou le poids et la mesure du bled, soit faite devant lui, et que dans tous les cas, le coupable satisfasse celui qui aura reçu le dommage, par le moyen du seigneur ou de son servant, et des consuls, ou de deux d'entre eux, qui connaîtront de la fausseté du poids et de la mesure ; et si le consul ne voulait y assister ou n'y était pas, que le seigneur et son baïle en connaissent et prélèvent l'amende susdite.

XXVI.

Ceci est que la mesure du vin soit à la mesure de Cajarc.

Item que la mesure du vin soit en ladite ville dé-

avant, sia de Cajarc, et no puesca creisser ne minuar.

XXVII.

Droit de tester.

Aisso és qué li habitantz d'el loc puescan far
testament.

Item que tot hom e tota fema de la dicha vila, d'el
destrech et de las apartenensas, qué y son e per tot
temps y seran, conbeniables a far testament, puescan
delhiourament ordonar dé sos bés, e laissar a estrang
o a proprés; et s'en morian sen far testament, li bés
d'aquels en devenguessan al plus prop dels parens lor,
segon que drech vol, sal lo drech de los créditors; e
si dégun de la dicha vila o de las apartenensas o altre
estrang, moria sen efans e sen testament, e no abia
cosis né parent, lo bé d'alquel sera à la bolontat d'el
senhor, sal los deudés qué deuria, e la dot de sa
mollier se n'abia, e al drech d'altrés; li senhor sia tengut de pagar los deudés et la dot al tot que lo bé ly
ajudaria.

XXVIII.

Vente des propriétés foncières.

Aisso és en qual maniera li habitantz del dich loc
porràn bendré los possessios.

Item que alcun dé la dicha vila, d'el destrech et
dé las apartenensas, sal que sia d'estat conbeniablé o
altra maniéro conbeniable, puesca bendré sa maiso,
so hort, sa vigna, so prat, sa terra e sas altras posses-

sormais celle de Cajarc, et qu'elle ne puisse être aug-
mentée ni diminuée.

XXVII.

Ceci est que les habitants du lieu puissent faire
testament.

Item que tout homme et toute femme de ladite
ville, de sa banlieue et de ses appartenances, qui y
sont et en tout temps y seront, aptes à faire testament,
puissent librement disposer de leurs biens, et les
laisser à des étrangers ou à leurs proches ; et s'il en
mourait sans faire de testament, que leurs biens passent à leurs plus proches parents, selon que le droit
le veut, sauf les droits des créanciers ; et si quelqu'un
de ladite ville ou de ses appartenances, ou une autre
personne étrangère, mourait sans enfants et sans testament, et n'avait ni cousins ni parents, le bien de ces
personnes serait à la volonté du seigneur, sauf les
dettes qu'il aurait et la dot de sa femme s'il en avait,
et les droits d'autrui : que le seigneur soit tenu de
payer les dettes et la dot autant que les biens le per-
mettront.

XXVIII.

Ceci est de quelle manière les habitants dudit lieu
pourront vendre leurs propriétés.

Item que chacun de ladite ville, de la banlieue et de
ses appartenances, pourvu qu'il soit d'état convenable
ou en tout autre cas convenable, puisse vendre sa
maison, son jardin, sa vigne, son pré, sa terre et ses

sios arrendadas, pagan prémiérament lo cés et la capta,
el cap sol solament, al senhor dé qui sé tenra la
causa et n'agués lo terrage, s'el senhor no o bolia per
aquel prés restant : et a don qué é denonciada la ben-
dition, qué la autreja delhiourament o la rétengé s'al
bol p'el prés qué l'altro li donaba, dins lo més à la de-
nonciation. Sobré aisso, l'us és aissi qu'el dit bendeïré
no puesca bendré, altré né retiné, qu'al senhor no
pagués ; tot temps lo cés et la capta seg la causa benduda, lo cés, la capta et sas impignoratios, se s'en
débénia qué la causa (benduda) si engagés.

XXIX.

Défense de donner et vendre des propriétés aux églises, temples ou hôpitaux.

Aisso és qué négun habitant del dich loc no ausé
bendré possessios à glieysa, né a templo, né a
hospital.

Item qué négun de la dicha vila no puesca donar,
bendré né laissar à gleysa, né à templo, né à hospital,
né à altro loc religios, né à d'altras personas denuda-
dadas, né als homs de Figeac si la causa benduda no
tenia de homs de Figeac o de qualquo altro senhor ;
sé ausa, lor porra tener la causa bendabla, qué réten-
dra pel prés qué altro li boldria dar. *Item* qué no
puescan bendré né escangear, né laissar, né donar lor
causa né lor terra, né lor altras possessios ab los homs
de Figeac, oltra la bolontat d'el senhor dé cal sé tenra
la causa ; e sé o fasia, qué las causas bendudas ben-
guessan en commu.

autres possessions arrentées, en payant d'abord le
cens et la capte et le capsol seulement au seigneur de
qui la chose dépendra et qui en aura le terrage, si le
seigneur ne la veut pas pour le prix restant : dès que
la vente lui est dénoncée, qu'il y consente librement ou
qu'il la garde s'il le veut pour le prix que l'autre en
donnerait, dans le mois de la dénonciation ; sur ceci
l'usage est ici que ledit vendeur ne puisse vendre, ni
l'autre retenir, qu'il n'ait payé le seigneur ; en tout
temps le cens et la capte suit la chose vendue , le cens
la capte et leurs intérêts , s'il arrivait que la chose vendue fut engagée.

XXIX.

Ceci est qu'aucun habitant dudit lieu n'ose vendre
des possessions à église, ni temple ni hôpital.

Item que aucun de ladite ville ne puisse donner,
vendre ni laisser à église, ni à temple ni à hôpital, ni
à autre lieu religieux , ni à autres personnes *dénuées*
(de main morte), ni aux hommes de Figeac si la
chose vendue ne venait d'hommes de Figeac ou de
quelqu'autre seigneur ; s'il l'osait, il pourra (le seigneur) garder la chose vendable qu'il retiendra pour
le prix que l'autre voudra lui donner. *Item* qu'ils ne
puissent ni vendre, ni échanger, ni laisser, ni donner
leurs choses, ni leurs terres, ni leurs autres possessions
avec les habitants de Figeac, malgré la volonté du
seigneur de qui dépendra la chose, et s'ils le faisaient,
que les choses vendues soient déclarées communes (1).

XXX.

Peine contre celui qui frappera un homme avec un couteau.

Aisso és la péna qué pagara tot hom qué traira cotel iridamen contra altro; n'en sera segon que s'en seg.

Item que tot hom que abaïra, o tenra, o traira cotel, o espasa, o destral, o d'altra arma no degudamen, donara al senhor vingt sols per péna; et si mutilatio dé membro s'en segua, qué totas sas causas fossan a la bolontat d'el senhor; et si mort s'en seg, lo cor et las causas sian a la bolontat d'el senhor, él senhe fassa justici e déber segon qué deb esser fac d'aquels que cometton d'aquels facs; qué aital fac, fassa amenda prémiéramen an aquel qué abra pré lo domnatgé, à égard d'el senhor et d'els cossols deldich loc, sal la dot de la molher e tos deudés que deubra, losquals sera tangut de pagar lo senhor d'els bés as abés dés forfasens. *Item* tot hom qué férira altro no dégudamen a pons o a palmas, pagara cinq sols al senhor per péna, et si és usquo à sang, trenta sols, et no constrant aquo satisfara an aquel qué abra prés lo domnatgé à égard d'el senhor e d'els cossols.

XXXI.

Peine contre le vol.

Aisso és qué si négun o néguna fasia latronissa de dia o de nuech, pagara la péna qué s'en seg.

Item si négun o néguna fasia latronissa de nuech o

XXX

Ceci est la peine que payera tout homme qui tirera un couteau avec colère contre un autre ; il en sera selon que s'en suit.

Item tout homme qui lévera, tendra ou lancera couteau, ou épée ou hache ou autre arme indüement, donnera comme peine vingt sous au seigneur ; et si mutilation d'un membre s'en suit, que tous ses biens soient à la disposition du seigneur ; et si la mort s'en suit, que le corps et les biens soient à la volonté du seigneur, et que le seigneur fasse justice et devoir comme il doit être fait de ceux qui commettent de ces actions : cela étant ainsi, qu'il assure d'abord l'indemnité de celui qui aura reçu le dommage, à l'arbitrage du seigneur et des consuls dudit lieu, sauf la dot de la femme et toute dette qu'il devra, lesquelles le seigneur sera tenu de payer du bien et de l'avoir des coupables. *Item* tout homme qui en frappera un autre du poing ou de la main, pour peine payera cinq sous au seigneur, et si c'est jusqu'au sang, trente sous ; et non obstant cette peine, il satisfera celui qui aura reçu le dommage à l'arbitrage du seigneur et des consuls.

XXXI.

Ceci est que si quelqu'un ou quelqu'une commet un vol de jour ou de nuit, il payera la peine qui s'en suit.

Item si aucun ou aucune fait un vol de nuit ou de

de dia en la dicha vila et en las apartenensas, sera
punit p'el senhor segon qué sera de raso, e qué el furt
o la qualitat o requeiran.

XXXII.

Peine contre l'homicide.

Aisso és qué sé négun cometia homicidi, sera punit
pel senhor.

Item que tot hom qué cometra homicidi en la dicha
vila et apartenensas, sera punit p'el senhor, segon
qué murtrier deu esser punit com sobré es dich.

XXXIII.

Peine contre l'adultère.

Aisso és la péna que suffertarian hom et fema qué
serian en adultéri détrobats.

Item si molhérat e molhérada so trobats en adultéri de nuech o de dia, correran tots nuds per tota la
vila an rainau, à la bolontat del senhor.

XXXIV.

Liberté sous caution.

Aisso és qué négun hom d'el loc no sia prés né arrestat si dona fiensa, mos als cas exceptats.

Item qué négun o néguna dé la dicha vila ni de sas
apartenensas, no sia prés né arrestat altan que boldra
donar fiensas del lar d'els, si no era per furt, o per
adultéri, o per murtro manifesto, si dégun se compla-
nia de lo; o sé no porra donar fiensa, qué jura el
essé drech davant lo senhor o so baïlé; altan quan

jour en ladite ville et dans ses appartenances, il sera puni par le seigneur, selon qu'il sera de raison et que le vol et son espèce le requerront.

XXXII.

Ceci est que si quelqu'un commet un homicide, il sera puni par le seigneur.

Item que tout homme qui commettra un homicide en ladite ville et ses apartenances, sera puni par le seigneur, selon que le meurtrier doit être puni comme il est dit ci-dessus.

XXXIII.

Ceci est la peine que subiront homme et femme qui seront surpris en adultère.

Item si un homme marié et une femme mariée sont trouvés en adultère, de nuit ou de jour, ils courront tout nus par toute la ville avec une crécerelle, à la volonté du seigneur.

XXXIV.

Ceci est que nul habitant du lieu ne soit arrêté s'il donne caution, si ce n'est dans les cas exceptés.

Item que nul ni nulle de ladite ville et de ses apartenances, ne soit pris ni retenu tant qu'il voudra donner caution de sa personne, si ce n'est pour vol, ou pour adultère, ou pour meurtre manifeste, et si personne ne porte plainte contre lui; s'il ne pouvait pas donner caution, qu'il jure qu'il se présentera de-

boldra afiar e jurar, no sera prés per néguna raso, né per néguna causa, mos per tres causas sobré dichas.

XXXV.
Moulin Bannal.

Aisso és qué dégun no mola mos al moli del senhor.

Item qué dégun del dich loc no mola né auso molre mas al moli del senhor, si no o fasia pér nécessitat, (déqué es ordonat sobré en lo instrument dé l'assensament on deban mloré) (2).

XXXVI.
Les habitants ne sont pas tenus d'accompagner le seigneur.

Aisso és qué li genz del dich loc no sian tengutz dé segré lo senhor en hor, né en cavalgadas, segon qué s'en seg.

Item li habitantz de la dicha vila ni dé las apartenensas, no seran ne estan tengutz dé segré lo senhor en hor, né en guerra, né en cavalgadas for de sa terra, ab armas, ultra cinq légas, se no o faran dé sa propria bolontat.

XXXVII.
Objets qui ne peuvent être saisis pour dettes.

Aisso és qué li habitantz no seran piguoratz, p'els deudés, dé las causas que s'en segon :

Item li habitantz de la dicha vila no seran, p'els deudés né per néguna clamor, piguoratz de so liech,

vant le seigneur ou son baïle : toutes les fois qu'il voudra ou jurer ou donner caution, il ne pourra être arrêté pour aucun motif, ni pour aucune cause, si ce n'est pour les trois susdites.

XXXV.

Ceci est que personne ne moudra qu'au moulin du seigneur.

Item que personne dudit lieu ne moudra ni ose moudre qu'au moulin du seigneur, s'il ne le fait par nécessité (de quoi il est ci-dessus ordonné dans l'instrument de l'acensement).

XXXVI.

Ceci est que les habitants dudit lieu ne sont pas tenus de suivre le seigneur dehors ni en chevauchée, selon que s'ensuit.

Item les habitants de ladite ville et de ses apartenances ne seront ni ne sont tenus de suivre le seigneur dehors, ni à la guerre, ni en chevauchée hors de sa terre, avec armes, au-delà de cinq lieues, s'ils ne le font de leur propre volonté.

XXXVII.

Ceci est que les habitants ne soient, pour dettes, dépouillés des choses qui suivent.

Item les habitants de ladite ville ne seront, pour dettes ni pour aucune plainte, dépossédés de leur lit,

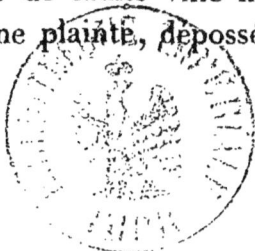

né d'els draps de so liech, né de sas armas, né de sos
bestimentos que portara, né de los bestimentos de sa
molher, sé no abia granré dé bestimentos qué no por-
tés et de liech qué no chagués, car d'aitals porran
esser pignorats dégudamen, séno qu'els sieus bés per
alcun forfact li eran en coumu, car adonquo lo dich
senhor polra totz los bés prendré, sals lo liech e los
bestimentos dé sa molher.

XXXVIII.

Forme de plaintes judiciaires.

Aisso és quan pagarau per clam li habitantz d'el dich
loc, segon la forma qué s'en seg.

Item plus, sé clamor se faza al senhor per alcun
d'alcun d'els habitantz dé la dicha vila e dé las apartenensas, si dins quatro dias après la clamor s'accorda
al so clam, no sera tengut li senhor d'el clam; si no
sé era accordat al so clam dins li quatro dias, al quarto
dia sera lo clam attent al senhor.

XXXIX.

Nul n'est tenu de prêter ses bestiaux au seigneur.

Aisso és qué négun no sia tengut biaus né altras
bestias prestar al dich senhor.

Item que négun dé la dicha vila e dé las apartenensas no sia tengut de prestar né de baïlar al senhor,
né a so baïlé, né a homs per li né de li, sieus biaux,
né sias baquas, né sieus asés, né sias saumas, né sieus
muols, né sias mulas, né à arar, né à traïré, né à
cargar, né à tirar dé prop né dé long, né anar oubrar

ni des draps de leur lit, ni de leurs armes, ni des habits qu'ils portent sur eux, ni des habits de leur femme, s'il n'a pas d'autres habits qu'il ne porte pas, ou de lit dans lequel il ne couche pas ; car ceux-ci pourront être saisis dûment ; à moins que tous les biens (du saisi) ne fussent venus en commun pour quelque crime, car alors ledit seigneur pourra prendre tous les biens, sauf le lit et les habits de la femme.

XXXVIII.

Ceci est quand paieront pour plaintes les habitants dudit lieu, selon la forme qui s'ensuit.

Item plus, si une plainte est portée devant le seigneur par un habitant contre aucun de ceux de ladite ville et de ses apartenances, si dans quatre jours après la plainte, il s'accorde avec le plaignant, le seigneur ne sera pas nanti de la plainte : s'il ne s'accorde pas avec le plaignant dans les quatre jours, le quatrième jour la plainte sera acquise au seigneur.

XXXIX.

Ceci est que personne ne soit tenu de prêter ses bœufs ni autres bestiaux audit seigneur.

Item qu'aucun de ladite ville et de ses appartenances ne soit tenu de prêter ni de remettre au seigneur, ni à son baïle, ni à hommes pour lui ou de lui, ses bœufs, ni ses vaches, ni ses ânes, ni ses ânesses, ni ses mulets, ni ses mules, ni à labourer, ni à semer, ni à charger, ni à traîner de près ni de loin, ni d'aller travailler dans

din la vigna, né din sieu hort, né en sieu prat, né
en sia maiso, né en altra causa qué sia oubra, si no
o fara dé sa bolontat, o logat, (exceptat las jornats
dessus dichas, per lo dich senhor sobré restengut).

XLI.

Priviléges des propriétés.

Aisso és qué cascun puesca sas possessios espléxar
et als altrés défendré.

Item qué cascun ayan prat, o bés, o terra, o altras
possessios, qué las puesca espléxar per sé, et als
altrés défendré qué no espléchon o estra lor bolontat.

XLII.

Peine contre le viol.

Aisso és la péna qué suffertaria hom sé forsa
fema.

Item qué tot hom qué per violensa conognés fema
maridada, mongea o corrompuda, o beusa, sia punit
p'el senhor segon qué la qualitat d'el fach requerra, et
segon drech et raso.

XLIII.

Priviléges du domicile.

Aisso és qué privat né estrang no entra en la maiso
d'els habitantz d'el dich loc, oltra lor bolontat.

Item qué négun estrang o privat no sia si ardit
d'intrar dins la maiso, o al granié, o a l'escuria, o al
bual d'els dichs habitantz per raso d'albergar o d'es-

sa vigne, ni dans son jardin, ni dans son pré, ni en
autre chose qui soit un travail, s'il ne le faisait de
sa volonté, ou loué (excepté les journées susdites, ci-
dessus retenues par ledit seigneur).

XLI.

Ceci est que chacun peut aménager ses possessions
    et les défendre aux autres.

Item que un chacun ayant un pré, ou des biens,
ou une terre ou d'autres possessions, les puisse aménager pour soi, et défendre aux autres d'y toucher sans
sa permission.

XLII.

Ceci est la peine que subira un homme qui fera
    violence à une femme.

Item que tout homme qui, par violence, connaîtra
une femme mariée, une religieuse, ou une femme
corrompue, ou une veuve, soit puni par le seigneur,
selon que la nature du fait le requerra, et suivant
droit et raison.

XLIII.

Ceci est qu'aucun particulier ni étranger n'entre
    dans la maison des habitants dudit lieu, contre
    leur volonté.

Item que personne, étranger ou particulier du lieu,
ne soit assez hardi pour entrer dans la maison, la

crabar, né per altra causa, e si o fasia, qu'el cossol o'l baïlé d'el senhor lo puniscan segon qué seria de raso, e for que sia satisfat an aquel qué abria prés lo domnatgé.

XLIV.

Approvisionnements du seigneur.

Aisso és qué li habitantz tengan fé, pailla à bendré à los ops d'el senhor, p'el prés commu, et altras causas.

Item qué li habitantz de la dicha vila tengan ad ops d'el dich senhor et de sa maynada o d'altrés, cascun segon sa facultat, à bendré pel prés commu, fé, pailla, et hortal et hortalas.

XLV.

Voie publique.

Aisso és qué las vias sian réparadas per lo mandamen d'els cossols c d'el baïlé d'el senhor et las plasas.

Item qué las carrieras, e las vias, e las plasas communas sé réparan e tornan en bon estamen p'el mandamen d'els cossols de la dicha vila et d'els serbens d'el senhor.

XLVI.

Le seigneur ne peut lever aucune taxe.

Aisso és qué lo senhor no ausa fa questa né talhada al dich loc.

Item qué d'aissi avant, lo senhor né hom per li, no ausa far né demandar questa né talhada en la dicha

grange, l'écurie ou l'étable à bœufs desdits habitants, sous prétexte d'y loger ou de (escrabar), ni pour autre motif; et si quelqu'un le faisait, que le consul ou le baïle du seigneur le punisse selon qu'il sera de raison, et que celui qui aura reçu le dommage soit satisfait.

XLIV.

Ceci est que les habitants tiennent foin et paille à vendre, selon les besoins du seigneur, au prix commun, et autres choses.

Item que les habitants de ladite ville tiennent pour les besoins dudit seigneur et de sa maison ou d'autres, chacun selon ses facultés, et à vendre au prix commun, foin, paille, hortolage et légumes.

XLV.

Ceci est que les chemins et les places soient réparés par l'ordre des consuls et du baïle du seigneur.

Item que les rues, les chemins et les places communes soient réparés et tenus en bon état par l'ordre des consuls de ladite ville et des agents du seigneur.

XLVI.

Ceci est que le seigneur ne se permette pas de faire ni impôt ni taille audit lieu.

Item que dorénavant le seigneur, ni personne pour lui, n'ose établir ni demander impôt ni taille en ladite

vila, né négun hom, mos li cossols p'es commus négocis
dé la dicha vila, e per aquo en qué son obligatz dal
senhor cadan, e las communas necessitas de la dicha
vila, et adonquas sé fassan p'els cossols ab lo coussel
d'els habitantz de la dicha vila.

XLVII.

Pierres et dalles.

Aisso és qué li habitantz d'el dich loc porran lauzas
    prendré, exceptatz li loc que segon.

Item que li habitantz dé la dicha vila et dé sas apartenensas puescan prendré peiras et lauzas de tot loc,
sal dé maiso, de hort e de vigna, mos qué satisfassan
de qui seran, a égar d'el dich senhor e de so baïlé e
d'els cossols, o de dos de lor que volran esser.

XLVIII.

Taxes pour le seigneur.

Aisso és qu'els cossols d'el dich loc porran far tal-
    hada per pagar lo senhor, segon que s'en seg.

Item qu'els cossols dé la dicha vila, qué y son e
per tot temps y seran, puescan far questa et talhada
p'els commus négocis dé la dicha vila, per aquo qué
débon al senhor, e qué puescan pignorar per lor serbens aquels qué no boldrian pagar, e destringer de
pagar; et sé négun contrastaba e no bolio pagar li
gageo als serbens d'els cossols, qué sia en amenda p'el
senhor de cinq sols; en aquel cas, lo senhor lo con-
troisso dé a pagar; no contrastan la pena, e renda li

ville, ni personne autre, si ce n'est les consuls pour les affaires communes de ladite ville, et pour ce en quoi ils sont engagés envers le seigneur pour chaque année, et les besoins communs de ladite ville; et que ceci se fasse par les consuls avec le conseil des habitants de ladite ville.

XLVII.

Ceci est que les habitants dudit lieu pourront prendre des dalles, excepté dans les lieux qui suivent.

Item que les habitants de ladite ville et de ses appartenances puissent prendre des pierres et des dalles en tout lieu, sauf les maisons, jardins et vignes, pourvu qu'ils satisfassent ceux à qui elles appartiendront, à l'arbitrage dudit seigneur et de son baïle et des consuls, ou de deux d'entre eux qui voudront y être.

XLVIII.

Ceci est que les consuls dudit lieu pourront établir une taille, pour payer le seigneur, et selon qu'il s'ensuit.

Item que les consuls de ladite ville, qui y sont et en tout temps y seront, puissent établir impôt et taille pour les affaires communes de ladite ville, et pour ce qu'ils doivent au seigneur, et qu'ils puissent poursuivre par les valets (de ville) ceux qui ne voudraient pas payer, et les contraindre à payer. Et si quelqu'un résistait et ne voulait payer les gages des valets des consuls, qu'il soit mis à l'amende de cinq sols par le seigneur, et que dans ce cas le seigneur

gageo al serbens d'els cossols; et sia constringt p'els cossols dé rendré e pagar als cossols so qué prendra per lor ni per lor mandament.

XLIX.

Marché chaque semaine.

Aisso és qué li habitantz d'el dich loc puescan far mercat, en aissi com s'en seg.

Item qué li habitantz de la dicha vila et de sas apartenensas, puescan far et fascan mercat cada semana, à la dicha vila ; e porran benir totz aquels qué benir y boldran.

L.

Foires et leur police.

Aisso és qué en lo dich loc puescan esser fiera com s'en seg.

Item qué puescan y esser fieras cadan, una beyada, lo dimergué de après la Totsanct, an bonas conditios e honestas, (no préjudiciant enver lo rey); et un dia de mercat sera a cascuna semana al mar, et porran benir tot hom sal et segur, si no sara murtrier, o lairé, o malfaseiré distract. El bendeïré donara al senhor dé cascun porc qué bendra un dénié; dé moutos, o dé ovilas, o de cabras, malha de cascun ; per biau, o per asé, o per sauma, o per baca, cascun qué sé bendra, dos déniés; de roussis, cabal, ega, muol o mula, per cascun qué sé bendra, quatré déniés ; e plus li bendidous de las sabatas, d'els draps et d'altras mercadarias qué se bendran, qualsas qué sian, pagaran per teulagé

le contraigne de payer. Nonobstant cette peine, qu'il paie les gages des valets des consuls, et qu'il soit contraint par les consuls de rendre et payer aux consuls ce que le valet (du seigneur) prendra pour eux et sur leur ordre.

XLIX.

Ceci est que les habitants dudit lieu puissent tenir marché ainsi qu'il s'ensuit.

Item que les habitants de ladite ville et de ses appartenances puissent avoir et aient un marché chaque semaine dans ladite ville, et tous ceux qui voudront y venir le pourront.

L.

Ceci est qu'en ledit lieu, il puisse y avoir une foire comme s'ensuit.

Item qu'il puisse y avoir une foire chaque année, un jour, le dimanche d'après la Toussaint, avec bonnes et honnêtes conditions, (non préjudiciant envers le roi). Il y aura un jour de marché chaque semaine, le mardi; et tout homme pourra y venir sauf et sûr, s'il n'est meurtrier, ou ladre, ou malfaiteur échappé. Le vendeur donnera au seigneur, pour chaque porc, un denier; celui qui vendra des moutons, ou des brebis, ou des chèvres, une maille pour chacun; pour bœuf, ou pour âne, ou pour ânesse, ou pour vache, pour chacun qui se vendra, deux deniers; roussin, cheval, jument, mulet ou mule, pour chacun qui se vendra, quatre deniers; et plus, les marchands de souliers,

un dénié, exceptats li habitantz d'el dich loc e dé sas
appartenensas, qué pagaran tailhagé, no pagan ne
aidan de lors causas en tota la terra d'el senhor; dé
castagnas, pagaran com li altrés estrangs en la fiera ;
abra lo senhor soluda dos deniés de cascun estrang
bendidor per teulagé, et so drech et so débers com a
las altras fieras accostumadas és accostuma d'usar.

LI.

Coalitions contre le seigneur prohibées.

Aisso és qué li habitantz d'el dich loc, né cossols,
no ausan far jurada né collegi al prejudici
d'el senhor.

Item qu'els desobrés dichs habitantz dé la dicha vila
et els cossols e juran e no puescan ne ausan far jurada
né collegi, al prejudici d'el senhor, an los cossols de
Figeac, né d'altra maniéra, si no o fasian an lo senhor,
o an sieu coussel, o an sieu assentiment; et se o fasian, li cor e bés débenguessan commus.

LII.

Syndics de la commune.

Aisso és qu'els cossols puescan far, e la Universitat,
sindic quan lor sera mestier, e destituar.

Item qu'els cossols o la Universitat dé la dicha
vila puescan far e instituar e destituar quan e cora

de draps et d'autres marchandises qui se vendront, quelles qu'elles soient, paieront pour droit d'étalage un denier, excepté les habitants dudit lieu et de ses appartenances qui paient la taille, qui ne paieront et ne contribueront en rien pour leurs objets dans toute la terre du seigneur; (les marchands) de châtaignes paieront à la foire comme les autres étrangers; le seigneur aura un droit de deux deniers pour chaque étranger vendant en échoppe, et ses droits et devoirs, comme il est coutume d'en agir aux autres foires ordinaires.

LI.

Ceci est que les habitants dudit lieu, ni les consuls, n'osent faire ni conjuration ni coalition au préjudice du seigneur.

Item que les susdits habitants de ladite ville, ni les consuls, prêtent serment, et ne puissent ni n'osent faire conjuration ni coalition au préjudice du seigneur, avec les consuls de Figeac, ni d'autre manière, s'ils ne le font avec le seigneur, ou d'après son conseil, ou avec son assentiment; et s'ils le faisaient, que leurs corps et biens deviennent communs.

LII.

Ceci est que les consuls et l'université puissent créer des syndics quand il leur conviendra, et les destituer.

Item que les consuls et l'université de ladite ville puissent créer, instituer et destituer, quand et lorsqu'il

qué lor plaira, un sindic o dos almins, per menar e
défendré lors commus négocis.

LIII.

Clapiers et lapins du seigneur.

Aisso és la péna qué suffertaria aquel qué destrura
clapier o prendra conils ultra la bolontat d'el
senhor.

Item tot hom qué destrura clapier o prendra conils
ultra la bolontat d'el senhor, sal qué passa en sa terra
o en sa dévéza, sia en la bolontat d'el senhor.

LIV.

Destruction des clapiers par les bestiaux.

Aisso és la péna qué suffertaria la bestia sé destrués
clapier.

Item qué tota bestia qué destrués clapier, cagna
qué fossa, commesa al senhor.

LV.

Enquéte sur les délits.

Aisso és qué s'en el dich loc sé fasia alcun maléfici
escondut, qué sia enquest p'el senhor aital qué
s'eu seg.

Item qué si sé fasia o era commés en la dicha vila o
en las aparténensas, alcun malefici escondut, qué sia
enquest p'el senhor o per so mandament juxta la forma
déjos escricha; e si pot probar, qué lo copablé sia
punit segon que déjos és dich, o dé altra maniéra déguda; et qué sia satisfact an aquel qué abra prés lo
damnatgé, et li senhor aja son drech.

leur plaira, un syndic ou deux au moins, pour conduire
et défendre les intérêts communs.

LIII.

Ceci est la peine que subira celui qui détruira un
   clapier, ou prendra des lapins, contre la volonté
   du seigneur.

Item tout homme qui détruira un clapier ou prendra des lapins contre la volonté du seigneur, sauf qu'ils
passent sur sa terre ou dans sa garenne, sera à la volonté du seigneur.

LIV.

Ceci est la peine que subira un animal, s'il détruit
   un clapier.

Item que tout animal qui détruira un clapier, quel
qu'il soit, sera gagé par le seigneur.

LV.

Ceci est que s'il se commet dans ledit lieu quelque
   méfait caché, il en soit fait enquête par le seigneur,
   ainsi qu'il s'ensuit.

Item que s'il se commet ou s'était commis en ladite ville ou dans ses appartenances quelque délit
caché, il soit fait enquête par le seigneur ou par son
ordre selon la forme ci-dessous écrite : et s'il peut obtenir des preuves, que le coupable soit puni selon
qu'il est dit ci-dessous, ou d'autre manière due; qu'il
soit satisfait à celui qui aura reçu le dommage, et
que le seigneur ait son droit.

LVI.

Assistance des consuls à l'enquête.

Aisso és qué s'el senhor fassa enquesta al dich loc,
li cossols y sian, segon qué s'en seg.

Item cora qué s'en débengués qu'el senhor o per
so mandament fagués enquesta sobré alcun forfact
commés en la dicha vila o en sas aparténensas, qu'els
cossols d'el dich loc y sian présentz, e appelatz à las
enquestas, o enquerits, per évitar o esquivar tota sus-
picion, no qué pregats els bendiguessan, né usurpes-
san, né ajessan né ajan néguna jurisdictio.

LVII.

Un homme étant arrêté par le seigneur,
doit étre montré aux consuls.

Aisso és qué s'el senhor prenia hom o fema per
alcun forfact al dich loc, fossa démostrat als
cossols o a dos prohoms d'el dich loc.

Item sé négun hom éra prés al poder d'el senhor
per malefici perpétrat e fact en la dicha vila o en las
aparténensas, qué à la requisitio d'els cossols d'el dich
loc, lo senhor sia tengut de mostrar una bés o mai-
jas e cora qu'en sia requist per li lo premier a dos
prohoms no suspejos de la dicha vila, per beiré se es
tot justo la qualitat d'el forfact, e puescan parlar
amb'el en la presentia d'el serben d'el senhor, persa-
qué no li puescan ren dire né enseignar qué fassa préjudici al senhor né en préjudici en sos drech.

LVI.

Ceci est que si le seigneur fait une enquête dans
ledit lieu, les consuls y assistent selon qu'il s'en
suit.

Item lorsqu'il arrivera que le seigneur, ou par son
ordre, fasse une enquête sur quelque crime commis
en ladite ville ou dans ses appartenances, que les
consuls dudit lieu y soient présents, et appelés à cette
enquête, ou requis (de s'y trouver), afin d'éviter ou
prévenir tout soupçon, sans que, priés, ils revendiquent,
ni usurpent, ni aient, ni auront aucune jurisdiction.

LVII.

Ceci est que si le seigneur fait arrêter un homme
ou une femme pour quelque crime, dans ledit
lieu, ils soient présentés aux consuls ou à deux
prud'hommes du lieu.

Item si un homme était arrêté par l'ordre du seigneur pour un délit considérable et commis en ladite
ville ou dans ses appartenances, qu'à la réquisition des
consuls dudit lieu le seigneur soit tenu de le montrer
une fois ou plus et quand qu'il en soit requis par eux,
et d'abord à deux prud'hommes non suspects de ladite
ville, pour voir s'il y a selon toute justice la qualité de
crime; et qu'ils puissent parler avec lui en la présence
du sergent du seigneur, afin qu'ils ne puissent rien lui
dire ni enseigner qui soit préjudiciable au seigneur,
ni préjudiciable à ses droits.

LVIII.

Qu'il soit ensuite fait bonne justice.

Aisso és qué aiprès sia fact ben drech, segon la forma qué s'en seg.

Item qué alprès, sia fact ben drech segon las libertatz sobré dichas, e segon qué sara raso, et qué sia tengut juxta la qualitat d'el forfact.

LIX.

La justice du seigneur sera rendue dans la ville et non ailleurs.

Aisso és qu'en la dicha vila sia fact e dich drech p'el senhor, segon qué s'en seg.

Item qu'en la dicha vila sia dich drech e fact deber p'el senhor, o per sieu baïlé, o per sieu jugé, d'els négocis et d'els facts qué s'endebendran en la dicha vila ni al destrech, et qué li habitantz dé la dicha vila e de las aparténensas no sian tenguts de benir, per far ne prendré drech, en altro loc mos en la dicha vila.

LX.

Prison consulaire.

Aisso és qu'els cossols puescan far carcé per tener prisonnié en la forma qué s'en seg.

Item qu'els cossols dé la dicha vila puescan bastir e far carcé per tener prisonnié en la dicha vila, e quan l'abran bastida, sera d'el senhor; et trà qué l'ayan bastida, lo senhor porra tener li prisonnié là on li plaira; et poi quan sara bastida, no mos al dit

LVIII.

Ceci est qu'ensuite il soit fait bonne justice selon la
forme qui s'en suit.

Item qu'ensuite il soit fait bonne justice selon les
libertés susdites, et selon qu'il sera de raison, et que
l'espèce du crime soit bien justement déterminée.

LIX.

Ceci est que la justice soit rendue dans ladite ville
par le seigneur, ainsi qu'il s'en suit.

Item que le seigneur par son baïle ou par son juge
fasse justice et devoir dans ladite ville sur les affaires
et les faits qui arriveront dans ladite ville et sa banlieue,
et que les habitants de ladite ville et de ses appartenances ne soient pas tenus de se rendre ailleurs que
dans ladite ville pour obtenir droit et justice.

LX.

Ceci est que les consuls puissent construire une
prison pour enfermer des prisonniers, en la forme
qui s'en suit.

Item que les consuls de ladite ville puissent construire et établir une prison pour enfermer des prisonniers dans ladite ville, et lorsqu'il l'auront construite,
elle appartiendra au seigneur; et en attendant qu'ils
l'aient construite, le seigneur pourra tenir les prison-

loc. *Item* qué lo prisonnié puesca bieuré d'el sac e dei dos si o bol, et qué no sia costring de crompar bianda d'el senhor né d'el serben, sé no bol.

LXI.

Aisso és la péna qué suffertaria aquel qué bendra *boulscars*, segon qué s'en seg.

Item qué tot hom qué bendra o boulscars o sos péjousés, se o no disia als crompadors, sia esta tengut al senhor, et no constrastant aquo, renda lo prés al crompador aital qué l'abra crompat.

LXII.

Faux poids du pain.

Aisso és la péna qué suffertaran li pastoressas qué faran petit pa, segon qué s'en seg.

Item qué li pastoressas fassan pa bendable segon lo fort d'el blat, e si era trobat petit, qué fossan donat per dieu, p'el serben d'el senhor é per un o per dos d'els cossols, é qué no constrastant aquo, sia per emenda al senhor en cinq sols.

LXIII.

Gages du sergent du seigneur.

Aisso és la péna qué suffertarian cossols et altrés, si fasian recorsé d'els gageos al serben d'el senhor.

Item per recorsor dé gageo faicta al serben d'el senhor, si cossol la fasia, pagara vingt sols al senhor; se li altrés, pagaran cinq sols.

niers où il lui plaira, et lorsqu'elle sera construite, pas ailleurs que dans ladite prison. *Item* que le prisonnier pourra vivre de son sac ou des dons, s'il le veut, et qu'il ne soit pas forcé d'acheter des vivres du seigneur ni du sergent du seigneur, s'il ne le veut pas.

LXI.

Ceci est la peine que subira celui qui vendra *bouls-cars*, ou sauvageons, selon qu'il s'en suit.

Item que tout homme qui vendra sauvageons ou ses mauvais fruits sans le dire à l'acheteur, sera tenu au seigneur, et nonobstant cela, qu'il rendra le prix à l'acheteur, tel que celui-ci aura acheté.

LXII.

Ceci est la peine que subira le boulanger qui fera le pain trop petit, selon qu'il s'en suit.

Item que les boulangers fassent du pain vendable, selon le cours du bled, et s'il en est trouvé de trop petit (au dessous du poids), qu'il soit donné pour Dieu (à l'église), par l'agent du seigneur et par un ou deux consuls, et que nonobstant cela, ils payent une amende de cinq sous pour le seigneur.

LXIII.

Ceci est la peine que subiront les consuls et autres, s'ils refusent les gages au sergent du seigneur.

Item pour refus de gages fait à l'agent du seigneur, si un consul le fait, il payera vingt sols; si ce sont d'autres, ils payeront cinq sols.

LXIV.

Banc du seigneur.

Aisso és so qué pagara aquel qué fragira lo banc
d'el senhor.

Item p'el banc fract pagara, cada bés qué l'offraisse,
cinq sols al senhor et no plus.

LXV.

Biens roturiers entre les mains du seigneur.

Aisso és la ordonansa d'els bés qué venran à la ma
d'el senhor, d'els habitantz, per tot drech.

Item si lo bé dé alcun venia à la ma d'el senhor,
per drech de fisc o altré drech, sia tengut lo senhor
de bailar aquel bé et aquelas causas a alcun tenancier,
instant qué contribuesca com li altrés d'el dich loc, e
qu'el senhor ne contribuesca pel temp qué abra tengut
en ponguan o donar.

LXVI.

Serment au consul.

Aisso és la péna qué pagaria aquel qué no bolra far
ségrament a'ls cossols.

Item qué tot hom dé la dicha vila o las aparténensas
sobré la semoudias d'els cossols, qué no bolra far lo
ségrament quan sera interrogat d'als cossols, en
soixanta sols, et a part tot aquo jurara, et qué la péna
sia despenduda als commus négocis.

LXIV.

Ceci est ce que payera celui qui brisera le banc du seigneur.

Item pour le banc brisé, on payera chaque fois qu'on le brisera cinq sols au seigneur et pas davantage.

LXV.

Ceci est l'ordonnance des biens qui viendront des mains des habitants dans les mains du seigneur, pour tous les droits.

Item si le bien de quelqu'un venait dans la main du seigneur, pour droit de fisc ou autre droit, que le seigneur soit tenu de donner ce bien ou ces choses à quelque tenancier, afin qu'il contribue comme les autres biens dudit lieu, et que le seigneur contribue pour le temps pendant lequel il aura gardé ce bien, et qu'il aurait pu le donner.

LVI.

Ceci est la peine que payera celui qui ne voudra pas prêter serment aux consuls.

Item que tout homme de ladite ville ou de ses appartenances, sous l'autorité des consuls, qui ne voudra pas faire le serment quand il lui sera demandé par les consuls, soit (condamné à une amende) de 60 sols, et outre tout cela qu'il prête serment, et que l'amende soit employée aux affaires communes.

LXVII.

Serment au lieutenant du seigneur absent.

Aisso és lo ségrament qué faran li habitantz al locténent d'el senhor, s'el senhor anaba en longuas
terras.

Item s'el senhor anaba en alcunas partidas londanas,
e laissava sa terra a alcun en garda, li habitantz de la
dicha vila juraran an aquel qué fialment soquestan
vas li e vas la terra d'el senhor, trà qué lo senhor sia
tornat; et jurara als homs lo locténent d'el senhor qué
lor gardara lor libertatz et lor franquésas.

LXVIII.

Les faits du mari n'obligent pas la femme et
réciproquement.

Aisso és qué p'el fact qué lo marit aia, lo molher né
los sieus bés no sian obligatz, né per fact qué
sé fés la molher, lo marit né li sieus los bés no
sian tengut.

Item la molher né sieus bés per lo marit né per
fact qué lo marit fasés, né lo marit né li sos bés per
fact qué la molher fasés, no sian tenguts cadun per
l'altrà.

LXIX.

Revendication.

Aisso és qué si causa obligada o venduda al dich
loc era bendicada, pagaria lo vendicat segon qué
s'en seg.

Item si alcuna causa obligada era perseguda bendi-

LVII.

Ceci est le serment que prêteront les habitants dudit
lieu au lieutenant du seigneur , si le seigneur allait
en pays lointains.

Item si le seigneur allait en quelques contrées
lointaines, et laissait la terre en garde à quelqu'un ,
les habitants de ladite ville jureront à celui-ci que
fidèlement ils se conduiront envers lui et envers la terre
du seigneur, jusqu'à ce que le seigneur soit revenu ;
et le lieutenant du seigneur prêtera serment aux habitants , qu'il leur conservera leurs libertés et leurs franchises.

LXVIII.

Ceci est que par le fait du mari, la femme ni ses
biens ne soient obligés, ni pour fait procédant de
la femme , le mari ni ses biens ne soient tenus.

Item la femme ni ses biens par le mari ni par le fait
du mari , ni le mari et les biens du mari par le fait de
la femme, ne sont point tenus l'un pour l'autre.

LXIX.

Ceci est que si une chose engagée ou vendue audit
lieu était révendiquée , le révendiqué payera
comme s'en suit.

Item si une chose obligée était poursuivie en reven-

cabla per alcun senhor estrang, sia tengut dé pagar et rendré lo prés et deudé qu'el benditor al crompador abra prestat o baïlat à crompar, sal que la causa fos crompada o benduda en loc public é no suspejo né en hora suspeja.

LXX.

Viandes pour le seigneur.

Aisso és qué si lo senhor de la dicha vila né abian et no troban car à bendré, qué ne puesca prendré, et pagara segon qué sen seg.

Item si el senhor abia hostés et no trobaba gelinas à bendré, o porcs, o moutos, o aniels, o cabrits, qué né puesca causir on qué né trobé, et qué né pagara per galina seize deniés et no plus; de las altras bestias, pagara a égard d'els cossols et de dos des lors, o de dos probés d'el dich loc.

LXXI.

Droit de vente.

Aisso és qué dona et hom debenda (segon qué de l'acapta és ordonat sobré en l'instrument de l'assensement.)

Item sara saugut qu'en la dicha vila dona crompa, benda lo capsol de l'estimatio pro impignoratio, mié capsol p'el mudamen de la senhoria fact o de la part d'el senhor o de la part d'el ténansié; per causa hérédi-taria, o dé laissa, o dé donatio, no donara o bendra mas acapta en pro; en dot estimada dona o benda o acapta; no estimada, no dona o benda, mas acapta.

dication, par quelque maître étranger, qu'on soit tenu de payer et de rendre le prix et le dû qu'au vendeur l'acheteur aura prêté ou donné en achat, sauf que la chose soit achetée ou vendue en lieu public, non suspect, et à heure non suspecte.

LXX.

Ceci est que le seigneur n'ayant et ne trouvant pas en vente de la viande, qu'il en puisse prendre, et il payera selon que s'en suit.

Item si le seigneur avait des hôtes et ne trouvait en vente ni poules, ni porcs, moutons, agneaux ou chevreaux, qu'il en puisse choisir où il en trouvera, et qu'il paye pour une poule seize deniers, et pas davantage ; pour les autres bêtes, il payera au dire des consuls, de deux d'entre eux ou de deux prud'hommes dudit lieu.

LXXI.

Ceci est que femme et homme puissent vendre (selon que de l'*acapte* il est ordonné ci-dessus dans l'instrument de l'acencement).

Item il sera sû qu'en ladite ville la femme achète et vende le capsol de l'estimation (ou de la valeur) pour hypothèque (engagement), demi capsol pour mutation de la seigneurie fait ou de la part du seigneur ou de la part du tenancier ; pour chose héréditaire, de legs ou de donation, qu'elle ne le donne ni vende mais l'*acapte* en propre ; une dot évaluée, qu'elle ne la donne ni la vende, mais l'*acapte*.

LXXII.

Terres incultes.

Aisso és qué s'el senhor o altré a terras no cultibadas al dich loc, las puesca donar et vicissar segon qué s'en seg.

Item qu'el senhor dé la dicha vila et altrés ayen terras é possessios no cultibadas, franquas, din li termes del dich loc, que li puesca cultrar et donar a acapta, no contrastant li costumas et li franquésas del dich loc.

LXXIII.

Aisso és qué si las causas sobré dichas abias dobté ni eran dobtosas, fossan declaradas per li personnas qué s'en segon.

Item fos ordonat dé bolontat d'el dich senhor e d'els dictz habitantz, qué si en las sobré dichas causas eran alcunas causas oscuras, o dobtosas, o en conditionals anonciadas, qu'aquelas sian e puescan esser déterminadas e déclaradas, et interpretadas e specificadas p'el jugé d'el senhor del dich loc, o per sieu loctenent.

LXXII.

Ceci est que si le seigneur ou autre personne a des
terres non cultivées audit lieu, il les puisse donner
et amender selon que s'en suit.

Item que le seigneur de ladite ville et autres ayant
terres et possessions non cultivées et franches dans les
limites dudit lieu, qu'il les puisse cultiver et donner à
acapte, nonobstant les coutumes et les franchises dudit
lieu.

LXXIII.

Ceci est que si les choses susdites présentaient des
doutes, ou étaient douteuses, elles soient expliquées par les personnes qui s'en suivent.

Item il fut ordonné de la volonté dudit seigneur et
desdits habitants, que si dans les choses ci-dessus, il y en
avait d'obscures, ou douteuses, ou énoncées avec condition, qu'elles soient et puissent être expliquées et dé-
cidées, interprêtées et spécifiées par le juge du seigneur
dudit lieu, ou par son lieutenant.

NOTES

———————

(1) *Page* 91. Il y a dans cet article un peu d'humeur de la part du seigneur de Gréalou contre les habitants de Figeac; ceux-ci ne peuvent ni hériter, ni acheter, ni échanger des propriétés foncières dans sa seigneurie. Des discussions assez graves s'étaient élevées peu d'années avant celle qui est la date de la charte, entre les habitants des deux villes; une pièce authentique en fait foi : le mercredi avant la sainte Madeleine de l'an 1290, c'est-à-dire le 19 juillet, Pierre de Saint-Pardoux, *Petrus de Sancto Pardulfo*, sergent d'armes du roi de France et défenseur, pour le roi, de l'abbaye de Figeac, fit sommation à Arnald de Baras, seigneur de Béduer et de Gréalou, de rendre le blé que les gens armés de ce seigneur avaient enlevé, pendant la nuit, au village nommé *Du Val*, dépendant de Figeac; Arnal de Baras est sommé en même temps de livrer les coupables. On ne connaît pas l'issue de ce démêlé; mais il explique suffisamment le inhibitions exprimées dans l'art. 29 de notre charte. L'article 51 de cet instrument a été rédigé dans le même esprit. Voyez page 108.

(2) *Page* 96. La phrase entre parenthèses est une addition faite lors de l'acensement de 1446. Nous considérons aussi comme telles, les phrases entre parenthèses également, de l'art. xxxv de la charte, pages 96 et 97 ; et de l'art. xli, pag. 100 et 101. *Ibid.*, art. l, pag. 106 et 107. *Ibid.* Titre de l'article LXXI.

(3) J'ajoute à ces notes une pièce d'une époque très-voisine de la charte de Gréalou; elle appartient à un lieu du même arrondissement; elle est écrite dans le même dialecte, et peut servir à d'utiles

rapprochements. Il y a d'ailleurs toujours quelque avantage pour l'histoire, à exhumer des archives les instruments qui sont depuis long-temps oubliés. Celui-ci est du 14 septembre 1288.

« Guillem Gaudini Baylés dé Fons per nostré senhor lo rey dé Fransa, an P. dé Combres nostré sirvent salutz et amors. Mandam vos qué tantost, quan lo noblé bar mossenhor N Uc de Castelneu vos réquéra dé penré lo bestial, qué tantost sia faih aisi quan el o réquéra, e qué prendas tan de lhur per lo lana qué n'au auda. Qu'en siatz ben reiré vos. Dadas foron à Fijac lo dimars après la festa dé nostra dona dé setembré en lan M°. CC. LXXXVIII°. »

(*Archives de Fons.*)

TRADUCTION DE CETTE LETTRE.

« Guillem Gaudini baile de Fons pour notre seigneur le roi de France, à P. de Combres notre sergent salut et affection. Nous vous mandons que de suite, quand le noble baron monseigneur N Hug de Castelneau, (seigneur de Gramat), vous requerra dé prendre le bétail, que cela soit fait aussitôt ainsi qu'il le requerra, et que vous preniez autant de livres pour la laine qu'ils en ont tondu. Que tout soit bien chez vous (1). (Ces lettres) furent données à Figeac, le mardi après la fête de Notre-Dame de septembre, en l'an 1288. »

(1) Formule d'un supérieur.

FIN.

ERRATA, ET OBSERVATIONS.

ERRATA.

OBSERVATIONS.

M. Raynouard a bien voulu me communiquer les observations suivantes; et je ne dois pas en priver le lecteur.

1° « Sans repousser absolument quelques accents que peut justifier le désir d'indiquer la prononciation, je crois qu'il y en a beaucoup trop dans l'imprimé; on peut les supprimer dans *démandan , défendan , maniéra , és , présens , endévenens ,* etc., ainsi que sur les *e* placés à la fin des mots, et qui ne comptaient pas comme pied dans la poésie.

2° « Beaucoup d'infinitifs n'ont pas de R final, et d'autres se terminent par cette lettre.

3° « Il ne faudrait point d'apostrophe à *d'el, d'els,* quand ils sont des articles; l'apostrophe est nécessaire, quand ces mots sont une contraction de la préposition et du pronom personnel, comme *tenian d'el,* tenaient de lui. Il en est de même de *p'el, p'els;* par lui, par eux. »

Ces trois observations seront utiles ; et j'ai dû les consigner ici, en ajoutant toutefois, 1° que par l'usage fréquent des *e* accentués, j'ai eu en vue de faciliter la bonne lecture des textes romans, aux personnes qui ne parlent pas cet idiome ; 2° que j'ai laissé les R à la fin des infinitifs, quand le manuscrit me les donnait ; 3° que les apostrophes à *del, dels; pel, pels*, m'ont semblé bonnes pour avertir le lecteur que ces mots sont des contractions de deux autres, et l'analyse figurée des mots, peut aider à leur intelligence. Je dois aussi déclarer ma fidélité au texte des manuscrits, soit pour les extraits de celui du Vatican, pages 35 à 40 ; soit pour le texte de la charte. M. Raynouard a remarqué dans ce dernier texte quelques mots dégénérés ; mais il ne faut pas oublier que la charte de 1293 nous est parvenue par des copies dont la plus ancienne est de 1446. J'ai en vain cherché l'original qui était autrefois dans les archives de Peyrusse, en Rouergue. Les demandes de l'Administration ont été infructueuses, comme l'avaient été les miennes.

TABLE

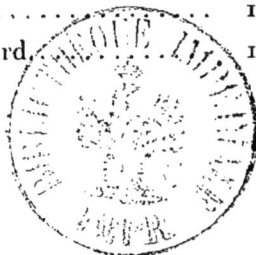

www.ingramcontent.com/pod-product-compliance
Lightning Source LLC
Chambersburg PA
CBHW050002100426
42739CB00011B/2474